本书是全国教育科学“十二五”规划 2015 年度教育部重点课题：
“职业院校教师企业实践制度体系及运行机制构建研究”
（课题批准号：DJA150250）的最终研究成果

职业院校教师企业实践制度及运行机制研究

高忠明　闫志利　著

燕山大学出版社

2020・秦皇岛

图书在版编目（CIP）数据

职业院校教师企业实践制度及运行机制研究 / 高忠明，闫志利著 .—秦皇岛：燕山大学出版社，2020.9

ISBN 978-7-5761-0033-4

Ⅰ . ①职… Ⅱ . ①高… ②闫… Ⅲ . ①职业教育－师资培养－研究 Ⅳ . ① G715

中国版本图书馆 CIP 数据核字（2020）第 128039 号

职业院校教师企业实践制度及运行机制研究

高忠明　闫志利　著

出 版 人：陈　玉
责任编辑：王　宁
封面设计：刘韦希
出版发行：燕山大学出版社 YANSHAN UNIVERSITY PRESS
地　　址：河北省秦皇岛市河北大街西段438号
邮政编码：066004
电　　话：0335-8387555
印　　刷：北京建宏印刷有限公司
经　　销：全国新华书店

开　　本：700mm×1000mm 1/16　　印　　张：12.5　　字　　数：203千字
版　　次：2020年9月第1版　　印　　次：2020年9月第1次印刷
书　　号：ISBN 978-7-5761-0033-4
定　　价：40.00元

前　　言

《中华人民共和国职业教育法》第三条明确指出，职业教育是国家教育事业的重要组成部分，是促进经济、社会发展和劳动就业的重要途径。国家发展职业教育，推进职业教育改革，提高职业教育质量，建立、健全适应社会主义市场经济和社会进步需要的职业教育制度。第四条又指出，实施职业教育必须贯彻国家教育方针，对受教育者进行思想政治教育和职业道德教育，传授职业知识，培养职业技能，进行职业指导，全面提高受教育者的素质。职业院校是举办职业教育的专门机构，职业院校教师是职业教育教学的主要力量。由于职业教育的特殊性，要求从事职业教育的教师不仅要具有相应专业丰富的专业理论知识和实践能力，而且具有教学能力和实践操作的指导能力，即“双师型”教师。然而，我国职业院校教师来源普遍单一，多数是从学校到学校（即大学到职业院校），要么是普通师范院校毕业，要么是专门院校毕业，他们所接受的教育均为学术（普通）教育（重理论，轻实践），既没受过职业教育训练——缺乏对职业教育的亲身体会，又没有参与过一线生产——缺乏生产实践经验。在无法大批量从生产一线获得专业教师的情况下，职业教育只能退而求其次——让教师到企业实践，以了解企业的生产组织方式、工艺流程、产业发展趋势等基本情况，熟悉企业相关岗位职责、操作规范、技能要求、用人标准、管理制度、企业文化等，学习所教专业在生产实践中应用的新知识、新技术、新工艺、新材料、新设备、新标准等，并将生产一线的要求及时纳入教育教学中。需要注意的是，教师企业实践仅仅是针对我国职业教育教师情况的权宜之计，并非解决教师实践经验缺乏的根本途径，要从根本上解决问题，还是要从职业院校教师入口上把关，设置严格的入职门槛。

一

针对职业院校教师普遍缺乏一线生产实践经验的情况，教育部就此多次专门发文。关于职业院校教师到企业实践制度，最早可追溯到1996年的《中华人民共和国教育法》，其中首次规定："国家在多方面鼓励企业与职业院校进行多种形式的合作。"原国家教委颁布的《关于加强中等职业学校教师队伍建设的意见》（教职〔1997〕8号）中首次提出，要逐步建立教师到对口企事业单位定期实习的制度，标志着我国职教教师企业实践制度开始萌芽。《面向二十一世纪深化职业教育教学改革的原则意见》（教职〔1998〕1号）中明确提出，教师到企事业单位实习和锻炼的主要目的是"使文化课教师了解专业知识，使专业课教师掌握专业技能，提高广大教师特别是中青年教师的实践能力"，以此培养"双师型"教师。教育部等七部门颁发的《关于进一步加强职业教育工作的若干意见》（教职成〔2004〕12号）中明确提出，建立"教师企业实践制度"，规定"专业教师每两年必须有两个月以上时间到企业或生产服务一线进行实践；其他教师和管理人员也应定期到企业或生产服务一线进行实践和调研"。之后，《国务院关于大力发展职业教育的决定》（国发〔2005〕35号），要求各省级人民政府"建立职业教育教师到企业实践制度"，重申专业教师每两年有两个月到企业一线实践，明确规定企业有责任接受教师实践。2006年，教育部正式出台了《关于建立中等职业学校教师到企业实践制度的意见》（教职成〔2006〕11号），明确了中等职业学校教师到企业实践的具体要求与内容。不久，教育部又发布《关于全面提高高等职业教育教学质量的若干意见》（教高〔2006〕16号），要求增加高职专业教师中具有企业工作经历的教师比例，积极安排高职教师到企业实践。2010年颁布的《国家中长期教育改革和发展规划纲要（2010—2020年）》中，特别强调鼓励企业接收教师进行实践，要求依托相关大中型企业和高校，共建"双师型"教师培养培训基地，以此完善教师定期到企业实践的制度。同年，教育部、财政部在《关于进一步推进"国家示范性高等职业院校建设计划"实施工作的通知》（教高〔2010〕8号）中，首次强调教师有密切联系企业的责任，引导和激励教师主动为企业和社会服务，开展技术研发，促进科技成果转化，实现互利共赢。2013年教育部、财政部发布了《职业院校教师素质提高计划中等职业学校专业骨干教师培训项目管理办法》《职业院校教师素质提高计划中等职业学校青年教师企业实践项目管理办法》《职业院校教师素质提高计划高等职业学校专业骨干教师培训项目管理办法》三个文件，进一步从实践任务与目标的制订、实践内容与形式的选择、实践的考核措施和经费支持等方面对我国职业院校教师到企业实践工作作出了较完善的规定。2014年，国务院《关于加快发展现代职业教育的决定》明确提出，“建设‘双师型’教师队伍，实行五年一周期的教师培训制度，落实建设企业实践制度”。2016年，教育部等七部门印发《职业学校教师企业实践规定》，成为国家建立职业学校教师企业实践制度的标志。2017年，国务院办公厅《关于深化产教融合的若干意见》提出，“加强产教融合师资队伍建设，推动职业学校、应用型本科高校与大中型企业合作建设‘双师型’教师培养培训基地。完善职业学校和高等学校教师实践假期制度，支持在职教师定期到企业实践锻炼”。2018年，教育部等六部门颁发的《职业学校校企合作促进办法》第二十五条规定，“经所在学校或企业同意，职业学校教师和管理人员、企业经营管理和技术人员根据合作协议，分别到企业、职业学校兼职的，可根据有关规定和双方约定确定薪酬”。2019年，《国家职业教育改革实施方案》明确指出“多举措打造‘双师型’教师队伍”，“实施职业院校教师素质提高计划，建立一百个‘双师型’教师培养培训基地，职业院校、应用型本科高校教师每年至少1个月在企业或实训基地实训，落实教师5年一周期的全员轮训制度”。

至此，我国职业院校教师企业实践制度基本建立，全国各地职业院校都做了积极探索，取得了一定的经验，但职业院校教师企业实践仍面临诸多困难，远未达到所期望的效果。

二

本书是作者所承担的全国教育科学“十二五”规划2015年度教育部重点课题“职业院校教师企业实践制度体系及运行机制构建研究”（课题批准号DJA150250）的最终研究成果，全书分为八章。

第一章系统阐述了职业院校教师企业实践的相关理论，就教师企业实践制度的理论基础、职业院校教师企业实践制度的意义和作用以及我国职业院校教师企业实践制度的发展历程进行了梳理。

第二章研究了职业院校教师企业实践的国际经验，就德国、澳大利亚、加拿大、日本等四国职业教育教师的培养、入职要求以及职后的培训进行了考察，研究发现，这些职业教育发达的国家普遍重视职业教育教师的实践经验，不仅对职教教师的职前教育资格设有严格门槛（具有一定企业生产经验），而且有完善系统的逐级培养方案，每一级均设有资格考试，只有考试合格才能进入下一级，尤其注重生产实践能力和相应专业的教育教学能力的培养，最后还要通过严苛的选拔程序才能获得教职。为了让职教教师的知识结构和职业技能水平跟得上时代的步伐，职业学校教师还要不间断地参加有关新规范、新专业知识、新技术以及计算机技术等的在职培训，确保职业教育教师所讲授内容的先进性。

第三章以邯郸市三所中职学校专业课教师为对象，探查中职学校专业课教师在企业实践中所存在的问题。研究发现，中职学校尚未真正重视教师企业实践，教师本身也缺乏企业实践的热情和积极性，企业更是普遍抵触教师企业实践。提出完善的企业实践的配套制度、建立健全的监管体系，鼓励教师积极参与到企业实践中以及不断寻找合适的合作企业等是中职学校优化专业课教师企业实践的重要策略。

第四章以内蒙古自治区三所中职学校为研究案例，利用问卷调查法等，确定了中职教师企业实践的11项阻力因素，基于中职学校教师企业实践的阻力因素，构建了中职教师定期企业实践的动力机制。

第五章探讨了高职院校物流管理专业教师的企业实践问题。研究表明，教师企业实践制度落实还没有配套办法跟进，尤其是地方政府在协调学校与企业、企业与行业等方面还未真正发挥作用；很少有企业为参加企业实践教师安排专门的实践岗位，更没有专职部门来组织协调安排教师企业实践；职业院校缺少对物流企业岗位群职业要求及企业对人才技能要求的分析，尚未建立起基于物流岗位群的教师企业实践体系，尚未建立起教师企业实践激励机制；职业院校专业课教师编制不足，教学任务经常处于超负荷状态，很难抽出时间投身于企业实践等。针对这些问题，本章提出了政府需要加快完善教师企业实践的配套办法跟进，统筹协调行业和企业与职业院校间的关系；物流行业应努力搭建物流企业区域合作平台，构建物流领域校企双赢体系，为教师企业实践提供足够的岗位和机会；职业院校除了要切实重视教师实践能力外，还需积极组织专业教师认真制订教师企业实践方案，构建合理的教师企业实践体系；教师自身要端正企业实践的态度，将企业实践纳入自己的专业发展体系，切实提升实践能力，进而提升职业教育质量。

第六章以分析影响高职教师企业实践因素为起点，选取河北省 5 所高职院校为例，研究并探讨河北省部分高职院校专业教师企业实践的情况，利用文献法、问卷调查法、DEMATEL 法等确定阻碍高职院院校教师企业实践的阻力因素，通过调查分析阻力因素，提出了推动高职教师参与企业实践的动力机制。

第七章是关于职业院校教师企业实践制度的运行问题。通过调查了解教师企业实践制度在职业院校中的实际运行状况。研究发现，职业院校教师企业实践制度运行过程中存在的问题主要有：职业院校教师企业实践时间安排与学校的日常教学时间之间存在冲突；企业对参与企业实践教师的专业素养期望与教师实际专业水平之间存在偏差；职业院校和教师对企业实践期望过高与企业缺乏热情之间形成强烈反差，并分析了其成因，提出了落实各级政府职责，进一步优化职业院校教师企业实践制度架构，加快企业实践制度法制化的步伐；建立企业共赢机制，发挥行业协会“引力效应”；鼓励职业院校发挥协调作用并建立专岗制度；教师在企业实践的前期准备、中期融入、后期反思等具体建议，期望能完善职业教育教师培养培训制度，切实打造出“双师型”师资团队，助力职业教育高质量发展。

第八章概述本研究的主要结论、研究不足及后续研究设想及建议。

三

职业院校教师企业实践是加强职业学校“双师型”教师队伍建设，实行工学结合、校企合作人才培养模式，提高职业教育质量的重要举措。企业依法应当接纳职业学校教师进行实践。各级人民政府及有关部门、行业组织、职业学校和企业要高度重视，采取切实有效措施，完善相关支持政策，有效推进教师企业实践工作。教师定期到企业实践，是促进职业学校教师专业发展、提升教师实践教学能力的重要形式和有效举措。职业学校应当保障教师定期参加企业实践的权利。各级教育行政部门和职业学校要制定具体办法，不断完善教师定期到企业实践制度。可见，教师企业实践是一项宏大的系统工程，需要各级政府、职业院校、行业组织、企业、职业院校教师、企业生产一线技术人员等多方协作配合，明晰各主体的责任和义务，建立职业院校教师企业实践制度体系，并确保高效运行，争取将我国的职业教育从以往的粗放式、规模化、普教化转向集约式、精细化、个性化、专业化，以满足我国产业发展升级需要。

本书是课题组成员集体智慧的结晶。中国职业技术教育学会学术委员会委员、教育部高等学校中等职业学校教师培养教学指导委员会秘书长、天津职业技术师范大学职业教育教师研究院院长曹晔教授对本课题研究给予了极大的关注和鼓励，并协调课题组成员调研了天津市几所高职院校。河北科技师范学院职业教育研究院职业技术教育学专业硕士研究生宋时雪、吴佳露、戴向宇、陈颖、李欣旖、郭卢叶、郎牧寒、张新然等同学参与了本课题的研究，并作出了较大贡献，河北科技师范学院科研处和职业教育研究院对本书的出版给予了大力支持，特致诚挚谢意！

本书可供各级政府教育行政部门、职业院校、职教教师、行业企业组织实施教师企业实践参考借鉴，供职业教育研究者以及相关人士参考。由于作者受学术水平所限，书中纰漏之处在所难免，恭请各位读者赐教。

作者

2020 年 4 月于秦皇岛

目　　录

第三章 中职学校专业课教师企业实践现状及对策

第四章 中职教师企业实践的阻力因素与动力机制

第七章 职业院校教师企业实践制度运行研究

第八章 研究结论与展望

第一章
职教教师企业实践制度理论基础及其发展

职业教育以培养高素质劳动者和技术技能人才为己任，唯有建设一支优秀的教师队伍，才能实现传承技术技能的目标。故此，我国社会较早地形成了“名师出高徒”的认知。从知识论视阈看，由于技术技能知识既包括文字、语言、符号等传递的“明言知识（也称显性知识）”，也包括那些必须亲身实践才能获取的“隐性知识（也称缄默知识）”。因此，实践是职业教育不可缺少的关键环节。2017年，习近平总书记在主持召开十九届中央全面深化改革委员会第一次会议中提出，要全面贯彻党的教育方针，坚持社会主义办学方向，遵循教育规律和教师成长发展规律，全面提升教师素质能力。对职业院校教师而言，无论是从教育规律视角，还是从技术技能生成规律视角看，均需要遵从企业实践制度，保证自身技术技能的完整性和专业素养的可持续发展性，才能实现培养高素质劳动者和技术技能人才的目标。

第一节 职业院校教师企业实践制度的理论基础

基于教师职业的特殊性，国内外学者较早地开展了教师专业发展等相关领域的理论研究，逐步形成了系列研究成果，为职业院校建立并实施教师企业实践制度奠定了坚实的理论基础。认识相关理论的核心观点，对提升我们对建立并实施职业院校教师企业实践制度的认知具有重要的理论意义和现实意义。

一、教师专业发展理论

利伯曼（Lieberman）认为，只有通过对教师实践进行研究，才可以明晰教师专业发展态势，教师相比其他学习者，是更加成熟的，教师在实践关系中，能够积极反思和评价并与他人构建协调关系。《培格曼最新国际教师百科全书》中对教师专业化进行了专门的阐述："教师专业化是职业专业化的一种类型，是指教师个人成为教学专业的成员并且在教学中具有越来越成熟作用的一个转变过程。"吴全全认为："职教师资培养的最终目的是使职业院校教师积累实践经验，成长为不仅具有教育教学能力又具有职业工作过程知识。"①

职业院校教师参与企业实践，深入企业行业一线了解行业发展现状，学习相关专业知识，从社会的角度而言，企业实践最直接、最关键的功能是促进教师专业化发展，提高职业教育质量。

二、社会交换理论

社会交换理论是由美国著名的社会学家乔治·霍曼斯（G. C. Homans）于20世纪60年代初提出，经布劳（Blau）、科尔曼（Coleman）、埃默森（Emerson）等学者的发展后，而形成的一个较为系统的理论。其主要观点是：人类活动即是交换行为，所有的交换行为都发生在人类活动中，人类活动是一种社会交往，而

① 庞世佳．职业院校教师企业实践制度的内容分析[D]. 沈阳：沈阳师范大学，2016.

社会交往本质上是一种交换关系；在交换过程中，人们倾向于以较小的代价和较少的付出换得尽可能多的利益和较丰厚的回报；交换当事人的心理感受和行为倾向以及态度受到交换利弊以及交换结果的直接影响。总而言之，当交换结果符合人们的心理预期时，人们会形成积极的态度，重复进行类似的交换行为，而当交换结果不尽如人意时，人们对这种交换行为会产生抵触情绪，进而因失去内在动力而导致终止交换。当然，社会交换中涉及的主体是多样的，既有个体层面的个人，也有由不同数量的个体构成的社会群体和组织[①]。

职业院校教师到企业实践涉及政府部门、职业院校和企业等多元化的主体，在他们之间存在着普遍的社会交换现象。首先，政府部门需加大人力、物力、财力的投入，建立合理的规章制度以保障各方权益不受侵害，促进职业教育的健康发展，为现代社会培养创新型人才。其次，职业院校应统筹设计安排教师企业实践的具体工作，以培养一支真正的“双师型”教师队伍，奠定职业院校持续发展的基础。最后，由于企业是职业院校教师企业实践以及校企合作有效运转的关键因素，是企业实践制度有效运行的执行者，除了要为职业院校教师实践提供实践平台外，还应将生产一线最新的工艺技术、操作规程以及行业规范等毫无保留地提供给企业实践教师；对于职业院校企业实践的教师来说，除了应规划好自己企业实践计划外，还应尽量带着与企业生产相关的技改项目或直接参与企业核心技术攻关，以化解企业困难，提升企业核心竞争力，竭力将教学内容与企业生产融合，切实摸清企业人才需要，把一线生产要求带进课堂，以提升职业教育教学质量。

三、学习迁移理论

迁移理论代表的人物有桑代克（Thorndike）和伍德沃斯（Woodworth），他们提出相同要素说，认为学习环境和工作环境有相同要素，并且当这些相同要素中存在共有成分时就能够产生学习迁移，而物理环境逼真与心理逼真是学习环境与工作环境是否具有相同要素的两个判断标准[②]。苏联心理学家鲁兵斯又将相同

①王剑.社会交换理论视角下职业院校教师企业实践困境与对策分析[J].中国职业技术教育，2016（7）：73-77.

②宋建丰.关于培训迁移的一些理论的思考[J].中国职业技术教育，2003（33）：19-20.

要素说总结为分析 – 概括说，他认为迁移的基础是能进行概括，学习者的迁移实现必须具备的条件是首先把两个课题进行分析和综合进而相互联系放入一个完整的过程中。总之，传统的迁移理论从学习情境因素、学习主体因素两个不同的角度对迁移机制进行研究。

迁移理论的另一学派以格式塔心理学家柯勒（Kohler）为代表，他提出了迁移中存在的关系转换理论，即在一个学习情境中，两个学习主体的社会关系可以相互转换，例如在教师企业实践过程中，教师与企业指导师父是两个社会主体，一个传授技能，一个内化学习，但是只要能够创造合适的学习情境，他们之间的学习关系就可以相互转化。

可见，在教师企业实践中要使实践成果有效地迁移，应慎重选择实践内容，知识迁移情境的创建要得当，在实践方式和实践项目上，也要积极创造适合迁移的工作情景，确保参与实践的教师从思想认识上重视并积极参与。

第二节　职业院校教师企业实践制度的意义和作用

国务院 2019 年 1 月颁布的《国家职业教育改革实施方案》（国发〔2019〕4 号）开篇就明确提出，“职业教育与普通教育是两种不同教育类型，具有同等重要地位”。基于职业教育的特殊性，从理论与实践两个视角分析，构建并全面推行职业院校教师企业实践制度具有较大的意义和重要的作用，主要体现在提升职业教育质量、促进教师专业化发展、提升企业核心竞争力等三个方面。

一、提高职业教育质量的内在要求

《国家中长期教育改革和发展规划纲要（2010—2020）》强调提高教育质量是教育改革发展的核心任务。衡量教育质量的两条根本标准：一是使人得以全面的发展，使学生能够适应社会需求；二是使职业教育能够面向社会所有人。当前我国经济发展正处于转型期，高技能人才是落实科学发展观和进行产业结构优化升级的关键，职业院校的核心任务就是进行职业教育高技能型人才培养，这就要求职业院校教师深入企业实践，准确地了解和把握行业、企业，乃至职业岗位需求，对职业院校在校学生素质、知识、技能结构的培养要求，并将之融入理论教学和技能训练中，这将有利于提升技能型人才培养水平，最终实现劳动力资源向劳动力资本转化，使社会就业更加充分，从根本上提高我国职业教育的教育质量。这个环节做不好、做得不完善都将严重制约我国职业教育的发展，以至于影响到我国经济社会的发展。

二、促进教师专业化发展的有效途径

《国家中长期教育改革和发展》《国务院关于大力发展职业教育的决定》《关于建立中等职业学校教师到企业实践制度的意见》《职业学校教师企业实践规定》中明确要求要建立职业院校教师到企业实践制度。职业院校普遍认为它是作为建设“双师型”师资队伍和提升职业院校教师专业技能的有效方法，也是职业院校教师专业成长的必由之路。建立一支高水平的职业院校教师队伍，是增强职业教育吸引力的基本保证，是从根本上提高职业院校学生的劳动技能素质，提升职业院校核心竞争力的手段，也是促进职业教育改革和发展的关键[①]。1996 年国际劳工组织和联合国教科文组织在《关于教师地位的建议》中明确地提出，教师的职业就是所谓的专业。通过社会分工和职业分化最终形成专业，因此社会分工以及人类认识自然和社会达到一定境界后，它的另一种表达形式即专业。总而言之，教师专业化是指教师作为一个寻求不断发展的个体，对其专业要求越来越高的个体，本质上是教师不断进行职业成长的过程，是教师不断内化新知识，并且不断提升个体专业能力的过程[②]。显然，当前教师专业化标准主要是针对普通教育而言，职业教育与普通教育的培养目标不同，因而职业教育对教师专业化发展的要求也有着很大的不同，尤其是在职教教师最重要的核心能力——专业实践能力方面有着特殊的要求。2016 年教育部、国资委等七部委正式印发《职业学校教师企业实践规定》（简称《规定》），为了使职业院校教师企业实践得到有效落实，《规定》完善了一系列制度保障机制，这些保障机制具有很强的针对性，对诸如“教师何时何地参与实践、企业自身利益如何均衡、实践效果如何保证”等难点

① 王玲．高职院校教师参与企业实践探讨 [J]. 价值工程，2010（34）：250.

② 蔡文伯，赵燕．改革开放以来我国教师专业化发展的回顾与展望 [J]. 教育探索，2009(6)：81-82.

问题，都有针对性地提出了解决措施，值得注意的是，在如何保障企业利益方面提出了相对具体的办法，这些举措对推进教师企业实践工作高质量运行提供了有效借鉴。

三、提升企业核心竞争力的必然要求

国家产业核心竞争力的提升，需要完善自上而下的职教改革和技能培训，需要每一个企业对职教事业的大力支持，更需要每一个产业工人潜心提升自身素养。企业拥有高技能的工人，就会生产出高品质的产品。然而，令人担忧的是，我国企业员工的综合技术技能素质一直不高，严重影响了企业核心竞争力的形成，制约着企业的可持续发展。2016 年 4 月，根据国家统计局网发布的《农民工监测调查报告》显示，我国农民工数量在不断增长，2015 年农民工总数量为 27747 万人，跟上年相比，增加了 352 万人，在第二产业中，农民工从业的比重占总的从业人数的 55.1%，在第三产业中占比约为 44.5%，说明农民工在支撑我国工业、服务业发展中占据重要地位。但是当今社会科学技术快速发展，在当前经济形势下，新技术、新工艺、新产品不断涌现的同时，企业员工的综合素质却停滞不前，主要表现为知识基础薄弱、学习能力不强、动手能力差，完全跟不上企业发展水平。因此，只有落实好职业院校教师到企业实践制度，才能培育出高水平产业工人，进而职业院校才能源源不断地把专业能力突出的技术工人送到车间流水线上，送到企业的研发平台上，使企业高效运转。

第三节　职业院校教师企业实践制度的发展

基于职业院校教师企业实践的重要性，世界职业教育发达国家均高度重视职业院校教师企业实践制度建设工作，使其充分发挥了保障职业教育质量的基础性作用。改革开放以后，随着我国职业教育的快速发展，党中央、国务院也开始高度关注职业院校教师队伍的建设问题，有序推进了我国职业院校教师企业实践制度的建设进程。各级政府及各级各类职业院校也积极响应党中央、国务院系列部署，在职业院校教师企业实践制度建设方面开展了大量的、卓有成效的工作，收

到了明显的效果。

一、国家法律法规层面

自 20 世纪 90 年代以来，我国职业教育教师企业实践制度建设逐步由中职扩展到高职，最终走向统一。

职业院校教师到企业实践制度可追溯到 1996 年《中华人民共和国教育法》，在《教育法》中首次规定："国家在多方面鼓励企业与职业院校进行多种形式的合作。" 1997 年，在原国家教委颁布的《关于加强中等职业学校教师队伍建设的意见》（教职〔1997〕8 号）中首次提出，"要逐步建立教师到对口企事业单位定期实习的制度"，标志着我国职教教师企业实践制度开始萌芽。然而，由于缺乏职教教师到企业实践（实习）的具体而明确的规定，地方教育部门主要是通过建立和利用职业教育师资培训基地和有关企事业单位，对教师开展各种形式的短期培训，且主要针对青年教师，要求有计划地到对口企事业单位进行专业实习和技能训练。《面向二十一世纪深化职业教育教学改革的原则意见》（教职〔1998〕1 号）中明确提出，教师到企事业单位实习和锻炼的主要目的是"使文化课教师了解专业知识，使专业课教师掌握专业技能，提高广大教师特别是中青年教师的实践能力"，以此培养"双师型"教师。据此，教育行政部门鼓励职教教师培训基地与企事业单位合作。例如，1998 年教育部规定，建立职教教师的技能培训基地时应依托高校、职业院校和企业，使教师不断更新知识，提高技能水平。另一方面，教育行政部门鼓励企业积极参与职教师资培训。

2001 年，教育部将上海宝钢集团公司、海尔集团等 6 个单位设为首批全国职业教育师资专业技能培训示范单位，作为"职教师资特别是专业课教师和实习指导教师接触生产、服务、管理一线实际，进行专业技能训练的场所"。同年，教育部规定逐步建立教师到对口企事业单位定期实习的制度，以加强"双师型"教师队伍建设。为提高高职教师"双师"素质，教育部又颁发了《关于加强高等职业（高专）院校师资队伍建设的意见》（教高厅〔2002〕5 号），要求高职院校支持教师参与产学研结合、专业实践能力培训。2004 年，在教育部等七部门颁发了《关于进一步加强职业教育工作的若干意见》（教职成〔2004〕12 号）中首次明确提出，建立"教师企业实践制度"，该规定不仅明确提出建立"教师企业实践制度”，而且规定了基本内容，即“专业教师每两年必须有两个月以上时间到企业或生产服务一线进行实践；其他教师和管理人员也应定期到企业或生产服务一线进行实践和调研”。之后，职校教师企业实践制度建设在内容上不断丰富，强调企业的义务与责任，重视对教师企业实践的管理。2005年《国务院关于大力发展职业教育的决定》（国发〔2005〕35号），要求各省级人民政府“建立职业教育教师到企业实践制度”，重申专业教师每两年有两个月到企业一线实践，明确规定企业有责任接收教师实践。2006年，教育部正式出台《关于建立中等职业学校教师到企业实践制度的意见》（教职成〔2006〕11号），明确了中等职业学校教师到企业实践的具体要求与内容教师到企业实践的主要形式与组织管理责任，强调把一批具有代表性的骨干企业，作为职校教师企业实践基地。不久，教育部又发布《关于全面提高高等职业教育教学质量的若干意见》（教高〔2006〕16号），要求增加高职专业教师中具有企业工作经历的教师比例，积极安排高职教师到企业实践。2007年，为了进一步加深职业院校教师到企业实践工作的顺利开展，教育部办公厅、财政部办公厅发布了《关于组织实施中等职业学校专业骨干教师培训工作的指导意见》。该《意见》规定培训任务与目标是树立职业院校教师的现代职业理念，并对培训对象的条件做出规定，即必须是中等职业学校教学一线的专业课或实习指导课骨干教师，品行端正，具有中级及以上教师职务，从事职业教育教学工作5年以上，年龄不超过45周岁，曾获市（地）级以上优秀教师称号的教师优先考虑。而且相比2005年的《决定》，该《意见》对培训时间进行了相关规定：国家级培训每期培训时间为2个月，安排各类教学不少于260学时；省级培训每期培训时间不少于1个月，安排各类教学不少于130学时。同年，教育部在推进“中等职业学校教师素质提高计划”的过程中，提出主要采取“基地培训＋企业实践”模式，目标主体是专业课教师和实习指导教师，基本形式是“到企业或生产服务一线”，旨在通过跟踪生产服务一线技术的发展，切实提高实践教学能力；同时，要求各地普遍建立职校教师企业实践制度，积极推进实施。至此，虽然职校教师企业实践制度在核心内容上已基本确定，但在实施过程中相关企业的参与积极性不高，对教师企业实践的管理尚缺乏具体规定，制度执行受阻。为此，职校教师企业实践制度建设，一方面强调企业的责任与义务；另一方面，陆续出台配套规定以加强对教师企业实践的管理，开始重视教师企业实践的效果，教师企业实践制度建设进入逐步完善期。2008 年教育部又提出通过“加强校企合作，充分利用企业的资源优势”来促进教师深入生产实践，提高教师的实践教学能力。

在 2010 年颁布的《国家中长期教育改革和发展规划纲要（2010—2020 年）》中，特别强调鼓励企业接收教师实践，要求依托相关大中型企业和高校，共建“双师型”教师培养培训基地，以此完善教师定期到企业实践的制度。同年，教育部、财政部在《关于进一步推进“国家示范性高等职业院校建设计划”实施工作的通知》（教高〔2010〕8 号）中，首次强调教师有密切联系企业的责任，引导和激励教师主动为企业和社会服务，开展技术研发，促进科技成果转化，实现互利共赢。并将教师企业实践作为教师队伍建设与考核的重要内容之一，包括“将企业经历和实践锻炼纳入评聘”“保证教师企业实践锻炼校企合作开支”等，旨在提高教师到企业实践的积极性和为企业服务的能力。

2011 年 11 月，教育部、财政部联合发布了《关于实施职业院校教师素质提高计划的意见》（以下简称《意见》）。《意见》强调要大幅度提高职业院校的教师队伍建设水平，需以建设高素质专业化“双师型”教师队伍为目标，以深化校企合作、提高培训质量为着力点，制定了 2011—2015 年职教教师参与国培、省培以及到企业实践的目标任务，包括组织 45 万名职业院校专业骨干教师参加培训。2013 年教育部、财政部发布了《职业院校教师素质提高计划中等职业学校专业骨干教师培训项目管理办法》《职业院校教师素质提高计划中等职业学校青年教师企业实践项目管理办法》《职业院校教师素质提高计划高等职业学校专业骨干教师培训项目管理办法》三个文件，进一步从实践任务与目标的制订、实践内容与形式的选择、实践的考核措施和经费支持等方面对我国职业院校教师到企业实践工作作出了较完善的规定。2014 年，国务院《关于加快发展现代职业教育的决定》明确提出，“建设‘双师型’教师队伍，实行五年一周期的教师培训制度，落实建设企业实践制度”。

2016 年，教育部等七部门印发《职业学校教师企业实践规定》（以下简称《规定》），共 6 章 28 条，成为国家建立职业学校教师企业实践制度的标志。《规定》要求，教师每 5 年必须累计不少于 6 个月到企业或生产服务一线实践，改变了过去“每 2 年不少于 2 个月”的难以深入、无法对接和实效性差的局面，呼应了教师继续教育学习制度，符合国际主流的实践做法，有利于学校正常教学工作开展，有利于各地统一规划教师继续教育学习，有利于企业安排合适岗位，有利于确保教师实践效果。《规定》指出，企业和学校要针对教学中的实际问题，结合教师专业水平制订实践方案。充分认识到职业学校教师类型的多样性、层次的差异性、要求的异质性和目标的可能性，明确了实践方案的问题性导向和对象性要求；针对过去教师企业实践中存在的盲目性和形式主义现象，专门要求企业和学校共同研制方案的设计原则，符合职业教育“产教融合、校企合作”的人才培养模式的本质要求，能够有效调动教师企业实践积极性，提高教师参与度和岗位对接能力，确保实践成效。《规定》针对教师企业实践涉及多个利益相关部门的现实情况，强调建立包括教育、人社、发改、财政、国资和工信等多部门的协同合作机制和部门联席会议制度，明确了各级政府在教师企业实践中的职责，提出了统筹协调推进教师企业实践工作。这种组织制度彰显了职业教育跨界属性，符合职业教育多元主体参与、协同治理的特征，改变了过去由教育部唱独角戏的局面，有利于发挥各利益相关主体的作用，调动参与方的积极性，消解部门之间扯皮和不作为的现象，使教师企业实践在人、财、物等方面有组织保障。《规定》还特别提出了一系列保障制度，包括设立企业实践专项基金、办理教师意外伤害保险、建立教师企业实践考核和登记制度、接收教师企业实践的企业税收扣除制度、遴选实践示范基地和加强企业实践督导考核等。对“教师如何参与实践、在什么地方实践、如何保障企业的利益、如何确保参与效果”等诸多难点问题提出了针对性措施，特别是对于如何保障企业的利益和教师的实践安全提出了具体的做法，为教师企业实践工作高质量推进提供了指南。

2017年，国务院办公厅印发的《关于深化产教融合的若干意见》（以下简称《意见》）提出，“加强产教融合师资队伍建设，推动职业学校、应用型本科高校与大中型企业合作建设‘双师型’教师培养培训基地。完善职业学校和高等学校教师实践假期制度，支持在职教师定期到企业实践锻炼”。

2018年，教育部等六部门颁发的《职业学校校企合作促进办法》（以下简称《办法》）第二十五条规定，“经所在学校或企业同意，职业学校教师和管理人员、企业经营管理和技术人员根据合作协议，分别到企业、职业学校兼职的，可根据有关规定和双方约定确定薪酬”。2019 年，《国家职业教育改革实施方案》

明确指出“多举措打造‘双师型’教师队伍”。“实施职业院校教师素质提高计划，建立一百个‘双师型’教师培养培训基地，职业院校、应用型本科高校教师每年至少 1 个月在企业或实训基地实训，落实教师 5 年一周期的全员轮训制度。”

二、省（市）级政策规定层面

在国务院联合六部委发布职业院校教师企业实践相关指导性文件后，各地政府纷纷响应国家号召，在国家大政方针指导下制定了符合地方情况的细化性规章制度，并下发到下级各部门，明确职业院校教师到企业实践的目的和意义，职业院校教师到企业实践是职业院校教师在提升办学能力和发展职业教育的有效途径，是提高教师专业技能水平，并促进学生职业素养塑造的重要方式，更是强化校企合作、与企业紧密联系的具体体现。

（一）东部地区

为加快发展上海现代职业教育，建设现代职业教育体系，推进上海市职业教育改革发展，上海市教育委员会联合七部门组织编制了《上海现代职业教育体系建设规划（2015—2030 年）》。以制度的形式保障了上海市职业教育的师资发展，明确了上海市职业院校教师培养制度时间是五年一周期。要求实行全员培训模式，根据教师发展情况分阶段、系统化、有针对性地制订具体培养方案，鼓励专任教师在一定年限内达到“双师型”教师标准，依托高技能人才培养基地和行业企业，新建 30 个教师企业实践基地。广东省教育厅根据教育部指示，为了提高广东省中等职业学校青年教师的职业素养，给省属中等职业学校和各培训基地下达通知，要求中职青年教师参与企业实践由 27 家企业承担，共安排 250 个名额。该方案正式实施后 6 个月内安排教师进行脱产实践培训。要求推荐参加青年教师企业实践培训的教师必须满足的条件：一是与专业相符的专业课教师，或者是在学校承担学生实习实训指导的教师；二是年龄小于 35 周岁、思想品德素质优秀，身体无重大疾病。其中中央补助经费必须经由省财政厅进行核实并拨付给企业实践教师所在的职业院校；省财政厅将省财政经费直接下发给相关培训基地。资金到位前，参与企业实践所产生的实践费用由职业院校先行垫付，费用标准为 2 万元 / 人。

（二）中部地区

湖南省从2012年才开始筹划建立职业院校教师企业实践制度，初步确定方针是根据国家规定，在企业实践人员组织和时间安排方面要求，无论是专业教师还是教育管理人员或者是公共课教师都必须每两年进行两个月的实践锻炼。在中职教师选派方面要求必须专业对口而且必须在拥有本科学历的基础上取得“专业技能教学水平合格证书”。在高职教师选派方面，要求新进专业教师必须专业对口而且是本科以上学历，并取得“专业技能教学水平合格证书”。同时湖南省准备建立教师企业实践配套制度，在人事分配制度改革方面有所创新。为了进一步促进职业院校教师职业成长，为职业院校优秀教师营造良好的成长环境，湖南省还制定了优秀教师遴选制度，改革了职业院校教师专业技术职务评审制度，完善了职业院校专业教师培训与考核制度，在组织中等职业院校教师企业实践锻炼的基础上，对教师进行培养提高，为职业院校教师的教学能力和实践能力的提高奠定了扎实的基础。安徽黄山市于2005年8月出台了《黄山市职业学校教师定期实践调研的暂行规定》，先后有58名教师顺利通过了市级认定，产生了良好的社会影响。为使此项工作能更好地体现职教特点和服务专业教学，结合黄山市实际，黄山市教育局出台了《实施办法》，从参与调研对象、认定机构、认定程序、实践方法和注意事项五个方面做了明确规定，鼓励广大中职学校教师积极主动到企业实践调研，也方便了实践调研活动的开展。

（三）华北地区

为了进一步加强职业院校教师培养培训，内蒙古自治区印发了《内蒙古自治区职业院校管理水平提升行动计划实施方案（2016—2018年）》，《方案》指出，职业院校在制订专业教师和各级各类管理人员的培训方案时要坚持科学性原则。为了提高教师的职业意识，培养培训体系需要分层次进行，培养培训形式要实现多样化。管理人员除了需要参加学校组织的国家级培训、自治区级培训等培训项目，还需要定期到企业挂职，而专业课教师除了到企业挂职还需要到企业兼职进行实践锻炼。为了加强教师“双师型”素养，培养一批理论与实践相结合的优秀教师团队，鼓励大中型企业与职业院校建立共建合作组织，组建培训基地，共同参与教师的实践培训。职业院校校长和其他各级各类管理人员要共同参与并起好带头示范作用，与专业课教师一起定期参与人员培训计划，不断提升管理人员的管理能力和业务水平。

（四）西部地区

陕西省教育厅根据教育部指示精神，在2012年颁布了《关于做好中等职业学校青年教师企业实践项目的通知》，为了加大人才培养力度，促进职业教育科学发展，在培训对象方面要求全省中等职业学校教师凡是工龄不低于2年、年龄不超过35周岁、具有中级职称以上的专业课和实习指导教师必须参加企业实践。培训内容方面与国家政策方针相契合，要求教师加强对企业生产和企业岗位职业技能的了解，在实践后期结合实践内容改进教学方法并运用到教学中去。教师企业实践按项目分期进行，每期时间是6个月，在这6个月里必须全脱产连续进行。采取师父带徒弟的模式，通过观摩、研讨、培训、操作和演练等形式实施对产品和技术进行改造以加深学习效果。最重要的是对实施项目的企业做了明确划分。在企业实践的行业企业遴选方面，陕西省教育厅向教育部推荐了全国数十家愿意与职业院校联合培养教师的企业，这些企业承诺在11个专业领域主动承担陕西省中等职业学校青年教师企业实践任务。目前已经通过教育部审核同意，并下达了通知。青海省教育厅联合各部门签发了《关于省内各类中等职业学校教师到企业实践的意见》，根据《意见》要求，为了了解企业的生产情况及其岗位对学生职业能力的要求，不断增进职业学校的教育教学水平和管理能力。中等职业学校专业课教师、实习指导教师必须深入企业一线实践，文化课教师和相关管理人员可以以考察和观摩的形式进行企业实践，实践时间安排为每两年有2个月以上的时间。根据实践活动为教师打分，教师根据学分进行职称评定和考核，并由职业院校归入教师业务档案。

三、学校制度层面

在各级政府颁布一系列职业院校教师参与企业实践的指导性意见后，各职业院校通过总结以往经验，与各专业教师沟通交流后制定了一系列符合本校实际情况的教师企业实践制度，期望在指导教师参与企业实践方面发挥一定的积极作用。

以河北省秦皇岛市某中等职业学校为例，该校高度重视师资培训工作，制定了《教职工进修培训管理暂行办法》，并且每年年初在培训需求调研基础上，制订《年度师资培训计划》，在当年的财务预算中单列培训经费项目。为达到教师在德育工作能力、教学能力、实训指导能力等综合职业素养方面的培训效果，学校打破传统的讲授式教师培训模式，实现由注重理论学习的学历达标培训逐步向强化专业实践培训的转变。

实践对象：全校专职教师及行政人员，要求男不超过 50 岁，女不超过 45 岁，必须按计划参加企业培训。

实践企业：与学校签订师资培训基地协议的企业；接收学生“校企合作课题实训”的协议企业；各专业系自行接洽的经学校批准的合作企业。

实践方式及工作流程：与校企合作课题实训工作相结合；结合企业实践完成教师企业轮训课题。

对教师进行定性或量化考核：教师回校后，提交课题研究结果，由学校教务处、人教处组织专业系及相关部门对课题完成情况进行验收、评估及使用。

实践相关待遇：按照学校《关于“工学结合课题实训”改革中管理教师待遇的通知》文件规定执行。

在确保正常教学秩序的前提下，每年度按计划派中、青年教师带着课题进入合作企业，完成不少于 1 个月的定岗培训及课题研究，坚持企业培训和学校教育相结合。建立了青年教师企业轮训制度，按计划派出青年教师（男教师年龄不超过 45 岁，女教师年龄不超过 40 岁）进入合作基地企业进行为期两个月的顶岗实习；把企业和职教专家请进学校，开展全员校本培训。成立由企业工程技术人员、人力资源部、管理人员共同组成的专业开发指导委员会，利用寒、暑假，对全体教师进行企业理念、行业知识的培训；选派优秀教师参加国内、外的专业技能提高研修学习。计划每年都派 100 人次参加国家、省、市各级业务、技术培训及兄弟院校间的教育、教学经验交流。学校还制定了《学校专业带头人选聘暂行办法》《学校专业带头人（骨干教师）三年培养规划》《年度专业带头人培养计划》等相关制度，为选聘的专业带头人提供充分施展才华的平台，在培训、岗位津贴、教研、职称评聘、绩效奖金等各方面给予政策保障；同时采取奖惩措施，规定专业带头人的聘期为两年，聘期满，达不到继续聘任要求的将取消相关待遇，以此促使专业带头人聘期内更加积极主动地工作。对专业带头人规定：每年度有不少于 2 个月的企业实践，每年度有 1 ～ 2 次外出培训、学习，每年度有不少于 5 次的校内公开课及交流讲座。

以天津市某高等职业院校为例，该校为落实学院“双师型”师资队伍建设实施意见，培养适应国家示范性高等职业院校要求的“双师型”结构教师队伍，造就一批与企业、新技术同步发展的高素质“双师型”专业教师，特制定了教师参与企业实践的管理办法。在实践对象、实践内容、实践要求、实践管理、实践待遇和组织实施6个方面做出了详细的规定。

实践对象要求是承担二级学院（直属系、部）公共外语、计算机基础教学、专业基础课、专业课教学任务的全体专任教师和本校兼课教师。

实践内容要求分为三个层面，分别针对初级职称教师、中级职称教师和副高级职称教师。对具有初级职称（含未评聘）的教师，要求了解生产线上的工作过程，以及产业发展趋势等基本情况，了解企业目前对技能人才的需求和培养要求，学习最新的专业技能并详细记录，最终形成不少于5000字的调查研究报告，形成至少3个教学案例；对具有中级职称教师，要求熟知相关企业的岗位需求，了解企业目前对技能人才的需求和培养要求，学习最新的专业技能并详细记录，最终形成不少于8000字的调查研究报告，形成5个以上的教学案例；对具有副高职称教师，要求除了明确企业目前对技能人才的需求和培养要求，还要学习最新的专业技能，有针对性地编写教学指导书或完成课程改革，编写5个实践项目教学案例。

实践要求：各二级学院（直属系）可采取灵活的实践时间安排，合理安排时间，统筹规划教师参加企业实践的工作，把握教师授课专业与实践工作的一致性。优先选择知名企业、与我院有合作关系的企业和校外实训基地作为实践基地。校内兼职教师下企业实践统一安排在寒、暑假期间进行。教师应根据本专业的教学要求、专业特点，在完成指定的教学任务后，按照二级学院（直属系）的整体安排到相应的企业工作岗位进行研修和实践锻炼，获得企业工作经验和动手操作能力，了解本专业最新的发展动态。公共课教师企业实践要实行校内与校外相结合的原则，根据不同任务也可以侧重于校内培训和实训，必须参加学院组织的相关专业认知培训。

实践管理：各二级学院（直属系）负责本部门教师下企业实践期间的日常管理。为了确保教师下企业实践工作的有效落实、实践的效果和实践目标的顺利完成，各二级学院（直属系）、教务处必须安排专人负责进行检查监督。党政管理人员也必须参与企业实践并且需要接受课程部门的安排和监督负责。实践期间，教师必须严于律己，做到有计划、有任务、有总结，同时遵守国家法律法规约束，并且遵守学校有关制度和纪律。

要求教师企业实践要注重实效，采取记学分的方式进行管理，两篇实践工作日记一个学分。实践考核以 3 年为一个周期，每个周期内教师企业实践总学分不低于 30 学分，每次下企业时间不少于 10 个工作日（原则上利用寒暑假）。

实践待遇：用餐补贴，经批准参加企业实践锻炼的教师，在完成学年基准教学工作量的基础上，每天享受 50 元的用餐补贴，以此类推。交通费，教师企业实践时间安排在工作日内的，继续享受在岗教师的交通补助，安排在寒、暑假的，按实际实践天数，每天发放 18 元的交通补贴或报销往返路费（限公共交通）；实践地点安排在外地的，报销往返路费及相应补贴等办法按照财务审计处相关规定执行，不再享受其他补贴。对于企业实践的教师，二级学院（直属系）、人力资源处、教务处等部门将进行监督抽查，经过查实后，不在岗一次的将扣除当月院内院津贴的 50%；不在岗二次的，扣发一个月院津贴；不在岗三次及以上的，视为考核不合格。经企业、二级学院（直属系）参照学院相关规定同意后，教师请假要求方能生效。

组织实施：首先制订计划，各二级学院（直属系）根据学院“双师型”师资队伍建设实施意见，以及本部门人员的实际情况，制订本部门“十二五”期间及每年度教师企业实践计划，报人力资源处、教务处备案。其次统筹安排，根据各部门的具体职责，教务处统一组织、协调各二级学院（直属系）制订年度计划，统筹安排每年度教师企业实践活动。教务处负责督导日常管理，保障工作的落实；继续教育学院（校企合作办公室）负责联系教师企业实践的基地安排。审批备案，每学期末教务处根据各二级学院（直属系）的计划，组织下个学期拟安排到企业实践的教师填写教师参加企业实践审批表，报学院领导审批后在人力资源处、教务处、二级学院（直属系）备案。最后总结考核，每学年人力资源处组织参加企业实践的教师汇报下企业实践情况，交流学习成果，用教师参加企业实践的鉴定表来考核实践效果。下企业实践教师根据要求将下企业实践研修报告交部门领导审阅，并报人力资源处备案，归入个人专业技术档案。每年 11 月份，由学院人力资源处组织人力对教师企业实践的材料进行审定，达到规定标准的，颁发教师企业实践证书。在一个企业实践周期内，实践学分累计超过 15 学分但不满 30 学分的，由人力资源处颁发教师企业工作经历证书作为岗位设置分级、职务晋升的重要指标；一个周期内实践学分累计超过 30 学分的，视为教师企业锻炼合格并且颁发证书。聘期届满未取得该合格证书的，视为本聘期考核不合格，下一个聘期降低一个岗位级别聘任（一个聘期内任职不满 3 年的，按任职时间折算学分，核发合格证书）。

第二章
职教教师企业实践的国际经验

世界发达国家职业教育发展起步早，相关制度建设亦较为完善。特别是教师队伍建设方面，均严格制定了准入标准，将教师的企业实践经验作为教师入职门槛和在职考核的重要指标，对我国职教教师的专业发展具有借鉴意义。由于发达国家较早地认识到职业教育不同于普通教育的主要特点，明确要求教师必须通过职业教师资格考核，或者必须有企业实践经历才能进入职业教育领域，要求职业院校教师入职以后，也要持续不断地进入企业进行实践学习，形成不断完善自己的理论与实践相结合的能力①。

① 韩海燕，王靖会．中外职教师资培养途径的比较及其启示 [J]. 长春大学学报，2006（10）：107-108.

第一节 德国的经验

德国的职业教育不仅要求教师学历高、入职门槛高，而且要求有非常丰富的企业工作经验。各联邦州文教部都有明确的择师标准，以此来选聘和评估职教教师，以确保教学质量。德国职业院校教师大部分来源于企业，目的在于将最先进的科学和技术引入职业院校课堂，进而保障职业院校教学内容的先进性，培养社会满意、企业需要的技术技能。同时，也便于推进校企合作，实现“双元”培养技术技能人才的目标。

一、德国职教教师的培养方式

德国的职业学校的教师主要有三种类型，即普通文化课教师、专业理论课教师和专业实践课教师。①

（一）普通文化课教师和专业理论课教师的培养

普通文化课教师和专业理论课教师多数是在完成中学教育后再进入大学学习的，也有一部分是在完成中等教育后，先经过双元制培训，再获得入学资格的。不具备高校入学资格的在职人员，还可以参加一种特殊（专业特长）的高校入学资格考试，以此来确认学校要求的学历和能力②。在第一阶段培养中，有意愿成为职业学校教师的学生必须接受正规的大学教育，学制 4 ～ 5 年。如达姆斯塔特工业大学，学业总课时数为 160 个周学时，其中 80 个周学时（约 2 学年）学习专业方向的内容，40 个周学时（1 学年）学习文化基础课，24 个周学时学习教育科学，16 个周学时学习社会科学。大学学习结束时，学生需通过相应的工程师 / 技师资格考试和第一次国家考试。通过第一次考试的学生再进行为期一年的企业实习，学习内容主要包括本专业范围内的实践知识和技能，了解企业的组织管理和设备设施，了解企业的基本运作，熟悉未来的职业环境，养成良好的工作

① 李志华，竺树声 . 德国职业学校师资的培养 [J]. 职业技术教育，1997（4）：30-31.

② 郑春荣 . 德国职教师资培养与继续教育模式分析 [J]. 职业技术教育，2001（7）：51-53.

方式。之后，就进入第二阶段，即教师预备实习期（见习期），通常为2年，在职业学校和教师进修学院同时进行。按规定，每人选择2个今后教学的专业科目，并根据所选的专业科目挑选一所能提供这方面专业培训的职业学校。在预备实习期的第一年，要在有经验教师的指导下，给职业学校学生上不少于90学时的专业课。之后，校长要根据新教师的教学效果，决定其是否可以独立上课。通过认定的可以进入第二年，根据各个学校及科目的相关情况，新教师每周要独立上8～12节课[①]。除此之外，在预备实习期间，新教师每周还必须有一天到教师进修学院学习教育学、心理学、教学法等课程，使新教师具备成为合格的职业学校教师的素质，其中包括了解有关学科教学计划的内容，掌握专业教学法，能够独立制订教学计划，组织教学以及开展评价工作等。在第二阶段结束时，学生还需通过第二次国家考试。考试内容包括考查专业知识和教书育人方面的能力以及教育学、心理学、专业教学法以及学校法和公务员法等方面的知识。考试形式包括撰写课外论文，上公开教学实验课，另外还有关于教学法、教育学、学校法方面的口试等。

（二）专业实践课教师的培养

专业实践课教师的培养更加注重实践能力，需要学生具备比较丰富的企业生产实践经验。具体而言，就是学生在中学毕业后，需经过3年或3年半的双元制职业培训后，选择下面两种方式之一继续学习。第一种：具有3～5年的实际工作经验后，在一年制技术管理工人/师父学校学习；第二种：具有至少2年的实际工作经验后，在两年制的技术员学校学习。专业实践课教师培养的第二阶段也是在职业学校和教师进修学院同时进行。在职业学校，他们听课、试讲，逐步练习独立授课，同时还在教师进修学院学习教育学、教学法、学校法等方面的内容。学习结束后还需要通过相应的考试，才能获得相应专业的实践课教师资格。

二、德国职业教育教师的培训

在德国，职业教育教师的继续教育同样受到重视。现代科技日新月异、迅猛发展，要求职教教师不断提高和充实自身的知识和技能。因此，职教教师的继续

① 李志华，竺树声．德国职业学校师资的培养[J]．职业技术教育，1997（4）：30-31.

教育，特别是专业理论课教师和专业实践课教师的继续教育是一项长期的重要任务。德国职业学校教师的继续教育主要包括以下几个方面的内容：新规范、新专业知识、新技术以及计算机技术等。

为了让职教教师的知识结构和职业技能水平跟得上时代的步伐，德国政府建立了从州到地方再到学校的全方位培训网络，大大提升了职教教师的在职培训效果。

（一）州级培训

州一级的职业培训由州文化部门来举办，对在职的职教教师开展为期 7 天的集中式全天制培训。职教教师要想参加这类培训，必须经过一系列流程的申报。教师可根据培训目录选定培训内容，先向所在学校提出培训申请，经学校同意报送区政府部门，经专门部门筛检后，最终确定培训人员名单，再将培训情况报送给州文化和旅游部门下设的教师进修和继续教育研究所，然后由研究所具体组织开展相关培训工作。培训完成后，向各位教师发放培训合格证，作为职称晋升的一项证明条件。研究所还会定期对培训过的教师进行抽查检验，以保证培训的实际效果。

（二）地方培训

地方一级的职业培训由地方政府协同教育部门一起组织开展，将划定范围内的一些学校联合起来，形成一个培训体系，设置培训网点，其培训教师必须经过州级部门的专业培训后才有资格任职。地方一级职业培训的培训时间设置为两天以内，教师无须全天参加，只需在业余时间就能完成培训。在培训内容上，虽然不同教学网点的侧重点不同，但都会根据教师自身的实际情况开展有针对性的培训[①]。

（三）学校培训

学校内部的在职培训是德国职教教师在职培训的重要组成部分，这类培训由学校亲自组织，结合教师的培训需求，灵活地设置培训内容和培训时间，并对培训效果进行检验。校本培训工作，由各职业学校根据自身情况来决定开展的频率。校本培训的一大特点是培训方式和时间比较灵活，培训的规模也可自由调整，这些都由学校自主决定。在德国，很多职业院校平均一年要举办至少一次职教教师

---

①师慧丽.德国职教教师教育专业课程设置的特征及启示——以科隆大学经济教育专业为例[J].比较教育研究，2014（12）：74-78，85.

培训，一般设置在教师的闲暇时间，而且不少院校都采用研讨小组或教育会议的形式来展开。考虑到校本培训更能够紧贴教师工作实际，有利于充分发挥本校的教育资源优势和教师的主观能动性，一些州政府专门向职业学校拨款，增加学校的培训资金，并且对职教教师培训工作实施严格的监督，要求学校必须利用好拨款资金，举办教育日或研讨会议。在德国教育部门看来，校本培训可以帮助学校进一步地整合教学资源，满足本校教师的各类培训需求；学校也可以借助这种灵活的培训形式，针对各个教学过程中的薄弱环节举办培训，使教师能够在相互交流中发现问题并及时解决。

（四）校企合作培训

德国有一些大型企业把自己的厂房设在相关的职业学校附近。职业学校的教师能够借此机会学习当前企业中的先进经验和操作技术，并及时将新的技术和经验教授给学生。同时，职教教师也可以凭借自己多年的理论知识积累，帮助企业改进生产技术，提升管理水平。一些职业学校与大型企业签订合作协议，教师可以进入企业进行深入的进修，了解企业的具体经营模式，同时还可以为企业正在研发的项目提供帮助和支持。

职教教师参加在职教育的主要目的是适应世界经济发展和劳动力市场的需求。为了长期保持职教教师的教学水平处于一个较高的水准，规定了每位教师都有权利和义务参加在职培训，并且可以将在职培训同该教师的任务工作量相挂钩等，以确保职教教师接受继续教育的权利，也明确了接受在职教育的一些注意事项，提高了教师参加在职教育的积极性。

第二节　澳大利亚的经验

澳大利亚将职业院校称为 TAFE（Technical And Further Education）学院，采用大洋洲、欧洲和东南亚通用的职业技术教育形式。澳大利亚 TAFE 学院由各级政府兴办，具体负责职业教育与培训等职能。由于 TAFE 学院具有较高的教育质量，其文凭得到澳大利亚所有大学、美国、国际大学联盟（IUA）和英联邦国家的认可。澳大利亚职业教育水平位居世界前列，“结果标准化、过程灵活化、基础体系化”是其三大特色：“结果标准化”是行业的需求，“过程灵活化”是学校的要求，“基础体系化”是国家的要求。培养工匠是澳大利亚职业教育的灵魂，建立一支高水平的职业教育师资队伍是保障职业教育质量的关键。

一、TAFE 学院对教师的要求

澳大利亚的 TAFE 学院是培养技术应用性人才的，目的十分明确，实践教学又极其突出，因此对教师的资格有严格规定。专职教师必须有 3 ～ 5 年的实践经验或行业经历，必须有技能等级证书，除此之外，专职教师最主要的还是要具备一定的实践能力，要在 TAFE 学院工作 5 年才有资格成为专职教师。但是也有例外，如果本校教师推荐的校外专业技术人员足够优秀的话，可以不从兼职教师做起，可直接成为专职教师；对于兼职教师来说，要具有 3 年以上的行业工作经验，此外，TAFE 学院有很多实践课程，需要教师现场演示操作过程，因此，兼职教师还要具备很强的现场操作能力。

澳大利亚为保障职教队伍师资质量，建立严格的职教教师准入制度。要进入职业院校任教必须满足几个条件：要有相关专业大专以上文凭和教师资格证书；教师要具有澳大利亚质量培训框架下的培训与评价四级证书；具备 3 ～ 5 年的行业工作经历。TAFE 学院的教师全部从有实践经验的专业技术人员中招聘，任职资格首先要求具备所教授课程相对应的行业 5 年的工作经验。有些专业性强的行业要求有 5 ～ 10 年的工作经验，并定期考核。①

二、教师企业实践

澳大利亚特别重视在职教师培训，除了教学能力等方面的培训外，为使教师的知识跟上科学技术的更新和发展，跟上行业企业发展需求，学校鼓励教师到企业进行技术实践，企业培训和实践是职教师资培训的特色之一。要求职业教育教师必须定期去企业实践，参加企业培训。TAFE 机构的每个教师每学年有两周（或更长）时间回到企业工作，接触企业实践一线，了解行业最新发展动态，更新技术与知识，提高自身实践能力和指导实践性教学环节的能力。有的 FAFE 学院规定，教师任职一定年限后，必须辞去教职，从事本专业实际工作若干年，有了最

① 党涵 . 澳大利亚职教师资培养培训的经验与启示 [J]. 职业技术教育，2012（12）：76-77.

新的工作经验后再返回学校任教，并可获终生教职聘任。可见，澳大利亚职教师资发展非常重视行业经验和行业实践能力，而不是过分重视教师的学历和职称，避免了对教师学历进行高消费。教师进入企业参与实践使教师与行业保持密切联系，能极大地提高教师的专业能力，帮助教师掌握行业发展方向，使自己跟上技术进步和学校实践教学的需要。

教师到企业实践的目的就是了解行业最新技术和知识，提高自身的专业实践能力，最终将新的技术和知识传授给学生。依据教师到企业进行实践的参与程度，可以将教师参与企业实践的模式分为三种：

第一种，浸入式模式。TAFE 教师能够专职在一个或者多家企业工作。教师被聘为企业顾问，预先安排出时间完成顾问工作。在这种模式下，教师在企业中占有一席之地，而且能够对企业发展产生一定影响。

第二种，参观模式。TAFE 教师可以定期参观一个或多个企业，例如，教师可以被安排到企业中做一段时间的学徒。在这种实践模式中，尽管教师能在企业中发挥更大的作用，但因为时间短而有诸多限制，实践内容一般也是围绕非常具体的问题开展。教师参与学习经常是偶然发生的。

第三种，中介模式。教师并不直接和企业员工交流，而是通过和企业的人力资源专家进行交流给企业提供支持、指导和建议等。这种模式下，教师和企业没有更深入、更宽泛的接触。这种学习更多的是在 VET 部门或专业发展协会的驱动下发生的。①

教师到企业学习的三种模式相互之间并不排斥，可以重叠使用。TAFE 学院规定职业教育教师均要成为本专业或相关专业委员会或行业协会的会员。经常参加学校与社会联系的各种实践活动，从而获得社会发展的新信息及相关生产领域发展的新情报，调整自己的教学，以适应市场对职业教育的新需要。

为了帮助职业教师提高企业实践能力，澳大利亚政府、行业等各方形成共同参与教师企业实践的局面。一是政府通过制定相关标准、提供经费等方式给予支持和保障。政府通过制定制度、规定引领教师企业实践。“培训与鉴定”培训包，即 TAA 培训包是澳大利亚职教教师资格标准，规定了职业教育教师应该具有的

① 廖波光. 澳大利亚职教师资体系的特点及其对我国高职师资培养的启示[J]. 广西教育，2011（15）：14-37.

能力，是职教教师上岗资格的准入标准和在职人员的进修指南。培训包包含了8个能力模块，55个能力单元。其中的一个模块指出教师要能进行工作本位的教学。因此，职教教师必须到企业实践。政府通过制定全国通用的标准引导职教教师参加企业培训，从制度上进行引导和规范。政府还在经费方面给予支持。澳大利亚规定，教师在企业接受培训的相关费用由企业承担，教师带薪在企业接受培训。这在一定程度上减轻了教师和学校的经济压力，调动了广大教师参加企业培训的积极性。二是企业行业委员会通过多种形式给予支持。从20世纪90年代以后，行业在澳大利亚职业教育与培训中的作用更加凸显。澳大利亚政府重视行业在国家职业教育和培训体系当中的引导和支持作用。在政府引导和鼓励下，澳大利亚的企业、行业和学校之间建立了良好的合作机制，职业院校和行业企业间有着良性的循环。企业或行业对教师企业实践的影响体现在许多方面。首先是通过开发、更新行业能力标准激发教师进行企业实践行为。澳大利亚执行全国统一的培训计划——培训包是由全国行业培训顾问委员会和行业技能委员会组织制定的。行业委员会对培训包定期进行更新，行业对人才的技能需求会反映到培训包当中，而职业教育培训目标、教育教学始终围绕培训包开展。通过这种方式，行业实现对职业教育发展的引导作用。教师为使技能知识跟上行业发展就要通过在职培训提高实践能力，而到企业进行实践获得第一手、直接的实践经验是最有效的方式。其次，积极承担接收教师进企业实践的任务，为师资培训提供场所。行业企业要接收和安排学校及学校教师的实践活动。企业认为这会给企业发展带来好处。企业通过接收教师到企业兼职或实践，使得企业有一支相对稳定的职业教育培训专家队伍，随时可以为其员工培训项目实施专业化的帮助。最后，企业负责对企业实践教师进行评估和考核。企业将组织专家对教师企业实践行为和结果进行评估和考核，学校将根据考核结果决定是否对教师续聘。三是学校积极鼓励教师参加企业实践。澳大利亚职业院校重视和行业企业保持密切联系。

第三节　加拿大的经验

北美加拿大的职业教育受欧洲教育的影响较多，基本沿袭了老牌资本主义国家英国的做法，早期类似于“学徒制”形式。19世纪，为了满足工业化大生产的需要，一些工商业者建立了传授各行业生产技术的夜校，并逐渐取代作坊和工厂成为职业教育的专门场所。20 世纪 60 年代以后现代职业教育得到快速发展并走向成熟。纵观加拿大职业教育发展的历史，工商界创立者，也始终是职业教育的有力推动者和支持者。联邦政府为了适应工业发展的需要，不仅创办了公立职业院校，还在资金投入、法律保障、政策扶植等方面给予了大力支持，使其职业教育迅速发展壮大。加拿大职教教师都具有出色的动手操作能力，确保了职业教育的质量和持续发展。

一、职业教育教师严格的入职条件

加拿大职教教师分为全职教师和兼职教师，兼职教师都是来自生产一线的技术骨干，约占一半左右。全职教师包括基础课教师和专业课教师，基础课教师一般是大学毕业后直接任职，而专业课教师一般要有 5 年以上企业行业经历，有顶级资格证书和相当的文凭，有些专业如土木、焊接等要求有 10 年的工作经验。聘任专业教师一般要有教师资格证书，若还未取得，必须在 2 年时间内通过培训获得教师资格证书，逾期不予续聘。来自企业的教师试用期为 6 个月至 2 年，若 2 年内不能获得教师资格的要辞退。可见，加拿大职业教育专业教师均具备一定的动手能力。①

二、职业院校实训条件优越、校企合作密切

加拿大职业院校具有相当好的生产性实训条件，专业实训车间设备比较齐全，有的实训场地简直就是工厂。能够在真实环境下教学，学生不但能够得到技能训练和职业素养的培养，而且教师也能够在“教、学、做”一体化中边教边学边练，熟练其业务能力。加拿大职业教育是靠企业发展起来的，因此企业对职业教育十分支持，不仅向职业院校捐献仪器设备、提供实训场地、资助研发项目，甚至捐资，并呼吁政府要大力支持职业教育。

① 汪丽梅，乔治•H 理查森. 专业实践导向的加拿大教师教育课程特点及启示——以阿尔伯特大学为例 [J]. 教师教育论坛，2016（7）：25-30.

三、特别重视在职教师的企业实践

为了保持和提升教师的持续动手能力，要求教师每年有 2 个月或更长时间到企业工作或实践，学校提供 1000 加元，但对学历教育不资助，教师培训和学历提高与其待遇挂钩，因而，教师的学习和培训的自觉性很高，通过开发项目让教师重新回到企业学习先进技术，提高其应用技术的能力，实现了教师与企业员工的融通；教师回到企业仍要接受企业监管，可以补缺员工缺额，教师回校后，企业还要向学校汇报。

第四节　日本的经验

早期的日本职业教育主要借鉴德国经验实施，而后逐步形成了自己的特色，并得到持续发展。高质量是日本职业教育的重要目标追求，职业教育课程集理论课讲授与实际操作于一体，质量要求也比较高，对学生要求研修的学分比一般普通专业也多。因此，高质量师资队伍建设成为日本职业教育运行的重要基础，并逐步形成了独具特色的职业院校教师管理制度。以中职为例：职业高中的教师分为两级，高中教育一级证书要求教师必须具有硕士学位或在大学研究生院学习一年以上。高中教育二级证书要求教师具有学士学位，即具有本科毕业学历。这两种证书都要求在学习期间修读 64 个教育学科的学分。

一、入职引导

在日本，初任教师在任职第一年内要接受为期至少 20 天的纯义务性校内在职进修，或者按计划在一定期间内参加进修机会。校内在职进修由专家型教师带领。让新教师按照各自的专业有针对性地观摩其他教师的教学活动，或让新教师先自己授课，然后根据在授课和班级管理活动中出现的实际问题，和教师本人一起研究，分析问题出现的成因并找出解决的办法。专家型教师正是通过这些措施来培养初任教师的实际教学能力和管理能力的。除了在校内进修之外，初任教师也可以参加校外进修。[①] 如在校外的地区教育中心通过讲座、演习、参观学校、观看各种教育设施、实地考察民间企业、各种选修课等方式增加各种职业教育体验和社会体验。同时也组织一些形式多样的活动来增加初任教师的进修兴趣，进一步增进对社会的了解。此外，文部省也通过定期举办针对初任教师职业教育实际技能讲习班以提高初任职教教师的实际操作技能。

二、在职进修

为确保每位职教教师在职期间都能有机会参加必要的进修，保证每一位教师能及时更新知识结构和掌握最新的专业技术。按教师的从教年限划约分为 5 年、10 年、20 年教育经历这 3 个等级，并分别规定了参与培训的时期。这三类人员都会按照这一计划定期参与培训。主要通过以文部省组织的中央讲习班、各都道府县为主组织的各种进修班以及国家与地方共同举办的各种讲习研修活动来进修。进修的机构还有国立培训中心，这个机构主要是针对校长、副校长、课程咨询专家等学校行政管理人员进行培训。此外，还有各校长协会组织的各种类型的进修活动。

① 李梦卿，安培．日本高等职业教育教师入职资格研究 [J]. 现代教育管理，2016（2）：72-77.

第三章
中职学校专业课教师企业实践现状及对策

在我国，职业教育分为初等职业教育、中等职业教育和高等职业教育三个层次，分别由初等职业学校、中等职业学校和高等职业学校（包括本科层次的应用型高等学校）实施。由于初等职业教育规模较小（教育部官方网站数据显示，2018年全国仅有初等职业学校11所，拥有教职工319人），一般不作为研究的重点。党中央、国务院高度重视中职学校发展工作，2019年1月颁布的《国家职业教育改革方案》提出，优化教育结构，把发展中等职业教育作为普及高中阶段教育和建设中国特色职业教育体系的重要基础，保持高中阶段教育职普比大体相当，使绝大多数城乡新增劳动力接受高中阶段教育。可见，加强中职学校教师队伍建设，构建并实施中职教师企业实践制度，是当下提高中等职业教育发展水平亟待研究和解决的重要问题。

第一节 研究背景、意义及方法

一、研究背景

职教教师除了具有普教教师的一般能力外，还需具有丰富的生产实践经验。自20世纪90年代中期我国对国有企业实施战略性改组之后，逐步取消了毕业生的统包统分，尤其是随着职业教育规模的不断扩大，原来隶属于行业企业的中等专业学校逐步划归地方教育部门主管，职业学校教师的生产实践经验匮乏问题逐渐凸显。在此情况下，国务院在2005年颁发《关于大力发展职业教育的决定》（国发〔2005〕35号）中指出，要“建立职业教育教师到企业实践制度，专业教师每两年必须有两个月到企业或生产服务一线实践”。教育部于2006年下发了《关于建立中等职业学校教师到企业实践制度的意见》（教职成〔2006〕11号），指出“组织教师到企业实践是中等职业学校教师在职培训的重要形式，是提高教师专业技能水平和实践教学能力的有效途径，也是职业学校密切与企业的联系、加强校企合作的具体体现”。明确规定中等职业学校专业课教师、实习指导教师每两年必须有两个月以上时间到企业或生产服务一线实践。2010年，《国家中长期教育改革和发展规划纲要（2010—2020年）》指出，要制定优惠政策，鼓励企业接收学生实习实训和教师实践，鼓励企业加大对职业教育的投入，完善职教教师定期到企业实践制度。教育部于2011年下发了《关于进一步完善职业教育教师培养培训制度的意见》（教职成〔2011〕16号），指出要完善企业实践制度，健全工作机制，切实提高教师企业实践效果。国务院于2014年颁发了《关于加快发展现代职业教育的决定》（国发〔2014〕19号），为落实该决定，教育部等七部委于2016年5月联合颁布了《职业学校教师企业实践规定》，旨在进一步加强职业学校“双师型”教师队伍建设，促进职业学校教师专业发展，提升教师实践教学水平。

由此可见，职业院校教师到企业进行生产服务一线实践，在国家政策层面上给予了足够的重视，对“职教教师企业实践”也达成了广泛共识。那么，现实情况是什么样的，教师企业实践过程中还存在哪些具体问题等诸多问题进入了我的研究视野。

二、研究意义

通过对邯郸市三所中职学校专业课教师企业实践情况的全面调查，了解中职学校专业课教师企业实践愿望、成效、存在的主要问题及其成因，理清职业教育主管部门、中职学校和教师、相关企业在教师企业实践中应承担的责任，为地方各级职业教育行政部门、中职学校和企业制定教师企业实践的具体办法提供参考，为中职学校教师企业实践活动提供指导，为最终提升中职学校教师专业化水平提供支持。从理论角度来看，由于当前国内外学者对中职学校专业课教师企业实践的研究集中在实践方法等方面，并未全面探讨实践中现存的各种普遍问题，本研究旨在丰富教师企业实践的理论体系。从现实角度来看，通过本研究，能够基本把握我国中职学校专业课教师企业实践面临的种种障碍，了解应对这些障碍的策略，有助于我国中职学校积累实践经验，进而推动中职学校专业课教师企业实践能力的提高。

第二节　中职学校专业课教师企业实践现状

为了了解中职学校教师企业实践情况，课题组以邯郸市三所职教中心为样本，采取网络在线和邮箱等方式发放问卷，对三所中职学校的汽车维修与应用专业、机电技术应用专业以及计算机专业的专业课教师进行了调查。共发放问卷 510 份（每个学校 170 份），回收到 495 份问卷，其中有 5 份信息填写不完整，视作无效问卷，即有效问卷 490 份。使用 SPSS19.0 软件，对回收到的有效问卷进行了统计分析。

一、教师对企业实践制度了解状况

中职学校的专业课教师企业实践需要有完善的政策规定加以约束，最大限度地规避企业实践中的风险，确保教师企业实践能够达到最佳效果。教师对企业实践制度的了解情况见表 3-1。

表3-1 教师对企业实践制度了解情况

项目	内容	人数	所占比例（%）
各级政府层面的政策、制度	非常清楚	100	20.41
	听说过，不是非常了解	304	62.04
	不知道	86	17.55
学校层面的管理办法	有	70	14.29
	没有	278	56.73
	说不清楚	142	28.98

表 3-1 显示，在 490 位被调查的中职专业课教师中，就各级政府层面制定的教师企业实践政策，还有 62% 以上的教师表示只是听说过，不是太了解，有 17.55% 教师表示压根就不知道这些制度。可见，虽然自 2010 年以来，我国教育部就中职学校专业课教师企业实践问题作出了详细的讨论，提出了中职学校专业课教师企业实践的整体方向，设定了较为可行的目标，但是由于地方教育部门的实施力度不到位，大部分教师尚未全面了解企业实践的政策规定，处于模棱两可的状态。同时也可表明，目前我国中职学校专业课教师对企业实践的相关政策规定还停留于“纸面”，待进一步学习领会。结合当下我国职业教育的发展实际，中职学校专业课教师的综合教学水平亟待提高，迫切地需要有健全的政策法规加以约束，以期从根本上提高我国的职业教育水准。

就学校层面的教师企业实践管理办法，还有约 57% 的中职学校教师表示自己所在的学校并没有制定出本校的教师企业实践管理办法及相关规定，学校对企业实践的管理还处于空白状态，有约 29% 的教师表示并不知道学校的具体规定。好在还有约 14% 的教师表示自己所在的学校已经开始制定详细的管理办法，并已实施教师企业实践。

“没有规矩，不成方圆”，无论是哪一行业，都离不开“规矩”的约束，中职教师企业实践也并不例外。由于企业实践涉及校企合作、教师自身素养、教学能力等多方面的内容，面临着来自教育部门、学校及社会三方面的压力，中职教师的企业实践更加需要有学校层面上的管理办法。同教育部门的政策规定相比，各个中职学校的教师企业实践管理规定更符合学校的发展现况，能够与教师企业实践很好地结合起来，进而取得较好的管理效果。

二、教师对企业实践的态度与期望

中职教师本身不仅仅是企业实践的执行者，同时也是最为关键的参与者，通过企业实践，教师的教学能力、教学素养得到提升，也间接地提高了学校的整体教育实力。而一般情况下，从教师角度来看，影响中职教师企业实践效果的关键因素就是教师对企业实践的态度及期望。基于此，本研究设计了教师对企业实践的态度和期望的选择题，进行了调查，调查结果见表 3-2。

表3-2　教师对企业实践的态度与期望

项目	内容	人数	所占比例（%）
企业实践态度	很想参加	80	16.33
	想参加但没时间	389	79.39
	不想参加	21	4.29
参加企业实践情况	参加过	309	63.06
	没参加过	181	36.94
企业实践时间期望	一个月左右	123	25.10
	二个月左右	207	42.24
	三个月左右	105	21.43
	半年左右	55	11.22
企业实践时段安排期望	正常工作期间	149	30.41
	双休日或节日	201	41.02
	寒暑假	37	7.55
	没想过	103	21.02
教师企业实践安排困难成因（多选）	教学任务重，教师数量少	202	41.23
	缺乏合理的轮训计划，专业课教师负荷重	110	22.44
	教师企业实践影响绩效工资和年终考核	101	20.61
	非工作时间，教师愿意参加	77	15.71

续表

项目	内容	人数	所占比例（%）
企业实践预期目标（多选）	了解企业生产技术工艺及生产装备	89	18.16
	了解行业最新动态、学习行业新技术	120	24.49
	了解企业所需人才素养	259	52.86
	了解企业文化	76	15.51
	提升操作能力及解决实际问题的能力	290	59.18
	为企业进行技术服务	12	2.45
企业实践动机（多选）	为年度考核、职务 / 职称晋级准备	243	49.59
	了解企业的生产组织方式、工艺流程、产业发展趋势等基本情况	56	11.43
	熟悉岗位职责、操作规范、管理制度等	78	15.92
	学习生产中的新知识技能、工艺和方法	198	40.41
	为完善实践教学，改善人才培养质量	289	58.98

表 3-2 显示，在接受调查的 490 位专业课教师中，仅有约 16% 的教师愿意参加企业实践，以提升自己的教学水平，有约 80% 的教师虽然想参加，但是迫于时间压力，无法参与。此外，还有约 4% 的教师对企业实践有强烈的抵触情绪，且认为企业实践并不能提高教学水平，完全没有必要参与。

图 3-1 显示，有 63% 的教师曾参加过企业实践，且积累了一定的企业实践经验，但还有 37% 的教师从参加过企业实践。可见，在教育部及相关部门对教师企业实践的重视下，近 2/3 的教师认识到企业实践的重要性，并参与过企业实践，但仍有 1/3 的教师并未参加过企业实践。但同时也表明，还存在少部分的中职学校，在教师企业实践方面还存在不足。

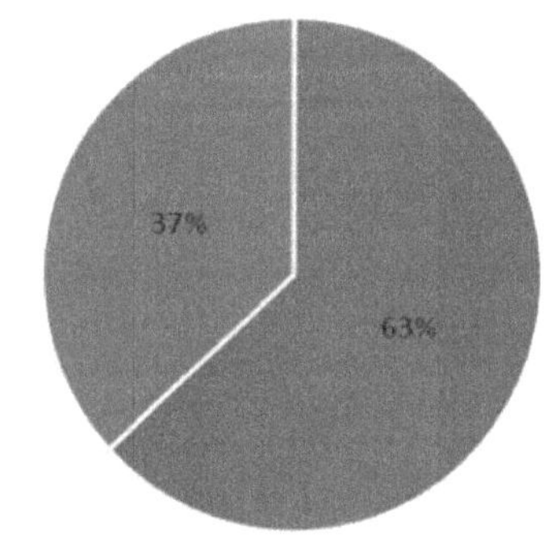

图3-1　中职学校教师企业实践情况

教师对企业实践时长的期望也能够间接反映其对企业实践的参与热情。本研究将教师企业实践的时长分为四类，分别是：一个月、二个月、三个月和半年。表 3-2 显示，约 42% 的中职专业课教师认为企业实践控制在二个月左右较为合适，约 25% 的教师认为控制在一个月较合适，还有少部分教师认为企业实践时长可以是三个月或半年。从这些数据来看，邯郸市三所中职学校的专业课教师期望的企业实践趋向于短期实践。

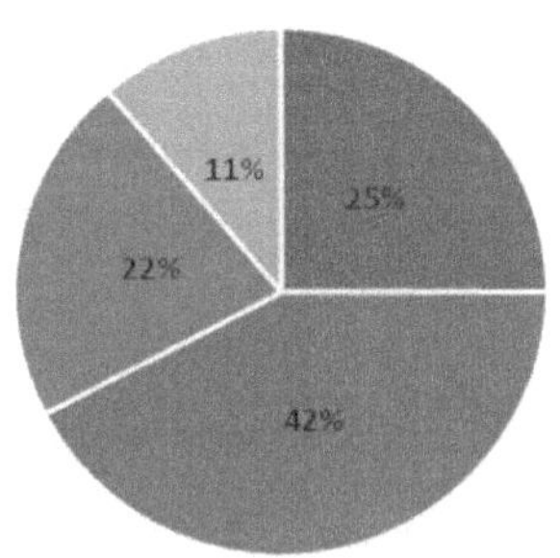

■一个月左右 ■二个月左右 ■三个月左右 ■半年左右

图3-2　教师对企业实践时长的期望

除了企业实践的总时间以外，企业实践的时间安排也是影响教师参与积极性的关键因素。从图 3-3 中的数据可见，41% 的中职教师希望在双休日或节日进行企业实践，30% 的教师认为在正常工作期间进行企业实践较为合适。与此同时，还有 8% 的中职教师愿意在寒暑假参与企业实践，21% 的教师表示没想过这一问题。这些数据充分表明，大多数中职教师并不愿意花费自己的休息时间参与企业实践，倾向于利用工作时间进行企业实践。虽然图 3-3 中的数据表明，很大一部分教师希望能够将企业实践安排在正常的工作时间，但是从实际情况来看，由于诸多影响因素的存在，中职学校很难将企业实践安排在工作期间。

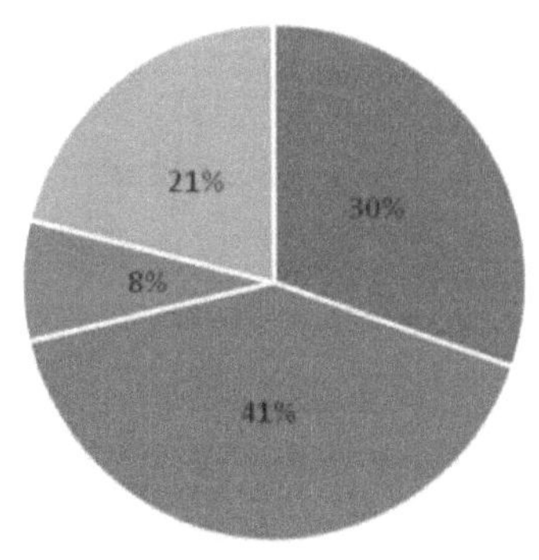

■正常工作期间 ■双休日或节日 ■寒暑假 ■没想过

图3-3　教师对企业实践时间段的期望

图 3-4 显示，41.23% 的中职学校专业课教师认为在繁重的教学任务之下，原本就少的教师承担着很大的教学压力，无法分散出更多的精力投入到企业实践中；22.44% 的教师表示，学校缺少科学可行的教师轮训计划，特别是专业课教师工作量普遍饱满，如果参加企业实践，其教学任务很难找到合适的人来承担；另外还有一部分教师认为教师在参与企业实践的过程中，学校不发放薪酬和相关的福利，很大程度上消磨了教师参与企业实践的主动性；除此以外，教师需要处理个人事务，难以抽出时间参加企业实践。由此可见，中职学校专业课教师的企业实践要想得到全面发展，还需要克服时间上的种种障碍，在不影响教学进程的前提下让大多数教师得以顺利参与企业实践。

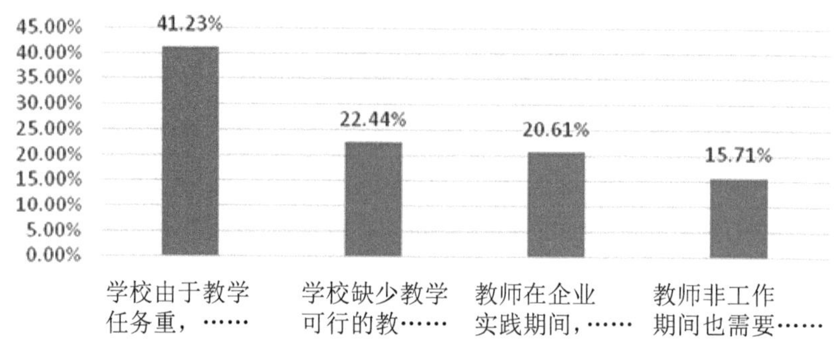

图3-4　教师企业实践难以安排在工作时间的原因

正如上文中提到的那样，我国中职学校专业课教师的企业实践尚处于初期发展阶段，教师必须设定科学的预期目标，以达到最佳的企业实践效果。就本次问卷调查来说，如图 3-5 所示，中职学校专业课教师度企业实践的预期目标可大体分为 6 个，即了解企业生产技术工艺及生产设备，了解行业最新动态、学习行业新技术，了解企业所需人才及职业道德要求，了解企业文化，提升操作能力及解决实际问题的能力以及为企业进行技术服务。调查结果表明，超过半数的中职教师认为通过企业实践，自身的操作能力和解决实际问题的能力都得到了显著提高，并且能够借此了解到企业所需人才及职业道德方面的具体要求，为今后的教学积累经验，针对这些要求及时地调整教学策略，提升教学水平。

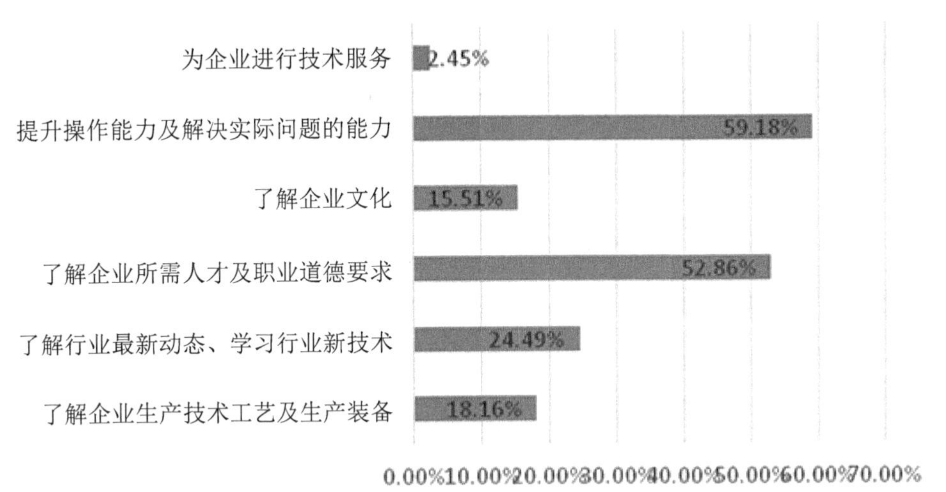

图3-5　对教师企业实践的预期目标

促使中职专业课教师参与企业实践的动因有很多，譬如完成学校规定的企业实践任务、学习生产实践中的新知识等。动因的强烈程度在某种程度上直接决定了中职教师企业实践的实际效果。图 3-6 的调查结果表明，58.98% 的中职教师参加企业实践的最直接目的是从企业的生产实际中吸取经验，改进教学方法。49.59% 的教师是在学校的硬性要求之下才参与到企业实践中。也就是说，学校对教师企业实践的要求以及教师自身提高教学能力的需要是多数中职教师进行企业实践的重要原因。

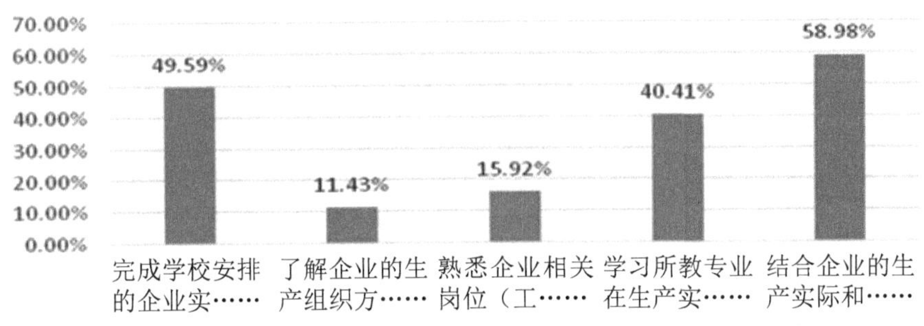

图3-6　教师参加企业实践的最直接目的

通过教师对企业实践的态度与期望的调查，发现在参与调查的 490 位中职学校专业课教师中，多数教师对企业实践持有一定的积极性和主动性，基本能够在教育部及学校的双重推动下参与企业实践，但依旧存在一部分教师并未认识到企业实践对自身教学水平的重要性。

三、企业实践的实施与监管

要想顺利开展教师企业实践活动，中职学校不仅要与相关企业保持良好的合作关系，同时也需要做好监管工作，及时对企业实践问题进行剖析，最大限度地规避风险，维持教师企业实践的正常运行。为此，参与调查的邯郸市三所中职学校从培训方案、实践补贴等方面采取了一定的措施，具体调查结果见表 3-3。

表3-3　关于企业实践的实施与监管情况

项目	内容	人数	所占比例（%）
教师企业实践统一组织	是	121	24.69
	没有	291	59.39
	不知道	78	15.92
激励教师企业实践措施	授予荣誉称号、给予个人奖励补贴	211	43.06
	只是倡导，未采取任何措施	189	38.57
	将企业实践作为教师聘任、考核等的指标	90	18.37
教师企业实践补贴	有一定补贴	214	43.67
	没有补贴	249	50.82
	不清楚	27	5.51
评职对企业实践的要求	有硬性要求	152	31.02
	没硬性要求，但会适当计分	209	42.65
	没有什么要求	129	26.33
对教师企业实践规定	已经制定明确规定	91	18.57
	没有制定明确规定	309	63.06
	不清楚	90	18.37

续表

项目	内容	人数	所占比例（%）
教师企业实践方案	有，且比较具体	30	6.12
	有，但很不具体	290	59.18
	没有	100	20.41
	不清楚	70	14.29
监督教师企业实践方式	教师自己安排、学校不予以监管	144	29.39
	教师定期向学校相关部门汇报	211	43.06
	学校相关人员定期去企业检查	45	9.18
	通过电话、邮件等方式向企业了解	90	18.37
教师企业实践考评	没有考评，有相关文件、图章证明即可	217	44.29
	根据学校相关考评考核制度	109	22.24
	视教师在企业完成项目的效果而定	67	13.67
	说不清楚	97	19.80
教师企业实践形式（多选）	接受企业组织的技能培训	290	59.18
	在企业的生产和管理岗位兼职或任职	309	63.06
	到企业考察观摩	129	26.33
	参与企业产品研发和技术创新	34	6.94

对于教师数量较多的中职学校来说，为了尽可能地保证教师企业实践的公平性和公正性，常常会在统一时间内组织教师进行企业实践，以降低风险性。但从表 3-3 的数据来看，来自邯郸市三所中职学校的专业课教师中，有约 59% 的教师表示自己所在的学校并没有统一组织教师进行企业实践，仅有约 25% 的教师表示自己所在学校统一组织企业实践。该数据充分表明，邯郸市三所中职学校在教师企业实践方面尚未形成统一的组织模式，教师的企业实践尚处于零散的状态。

从前两个部分的调查中不难发现，目前很多中职学校专业课教师对企业实践的参与积极性并不高，很难全身心地投入到企业实践当中，没有达到最佳的实践效果。对此，中职学校就必须从薪酬奖励、考核晋升等角度出发，采取一定的激励措施，调动专业课教师的积极性，促使更多的中职教师主动投入到企业实践当中。图 3-7 表明，大多数学校为了控制成本开支，常常通过授予荣誉称号、给予个人奖励补贴的方式激发教师积极性，还有一部分中职学校将教师企业实践作为教师职务聘任、考核和晋升的重要指标，用硬性规定促使教师参与企业实践。当然，被调查的教师中还存在 39% 的教师认为自己所在的学校只是口头上倡导企业实践，尚未采取实质性的激励措施。

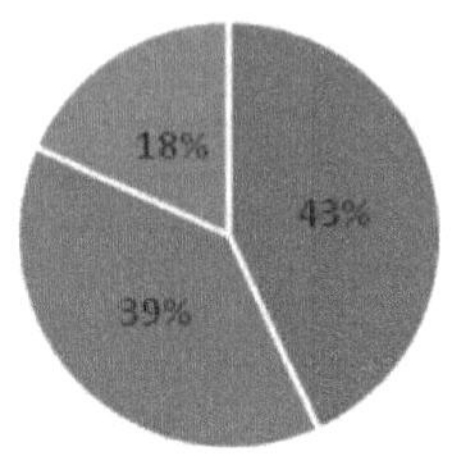

■ 授予荣誉称号，给予个人奖励补贴
■ 只是倡导，未采取任何措施
■ 将教师企业实践作为教师职务聘任、考核和晋升的重要指标

图3-7 学校对教师企业实践的激励措施

图 3-8 显示，仅有 44% 的中职教师表示自己所在的学校对教师企业实践有一定的补贴，教师在进行企业实践的同时也能够得到相应的补贴，还有超过半数的教师表示自己在参与企业实践时并不能获得来自学校的补贴。由此可见，邯郸市三所中职学校对教师企业实践的补贴还亟待优化。

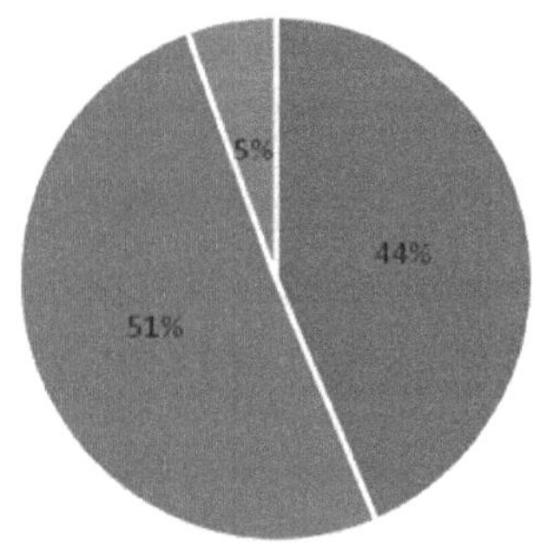

■ 有一定补贴 ■ 没有补贴 ■ 不清楚

图3-8 学校对教师企业实践的补贴情况

就中职教师来说，学校为了保证教学质量，通常会尤为重视教师的职称评审问题，而企业实践作为中职教师提高教学水平的重要方式，其成为职称评审的评断标准就成为需要重点讨论的问题。图 3-9 的统计结果表明，31% 的教师表示自己所在的学校在教师职称评审方面对企业实践有硬性的要求，43% 的教师表示没有硬性要求，但会适当地计分，还有少部分教师表示没有要求。这一系列数据充分表明，诸多中职学校还没有将企业实践与教师职称评审联系起来。另外，从图 3-10 中也可看出，63% 的教师表示学校尚未制定明确的规定，企业实践的各项管理规定大体上还处于空白状态。

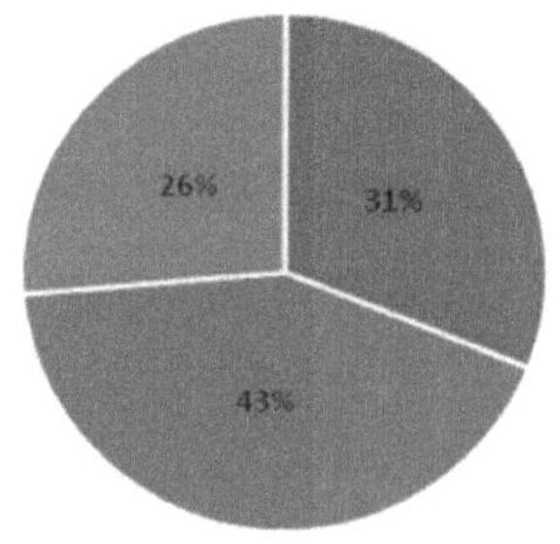

■有硬性要求 ■没硬性要求，但会适当计分 ■没有什么要求

图3-9　评职称对企业实践的要求

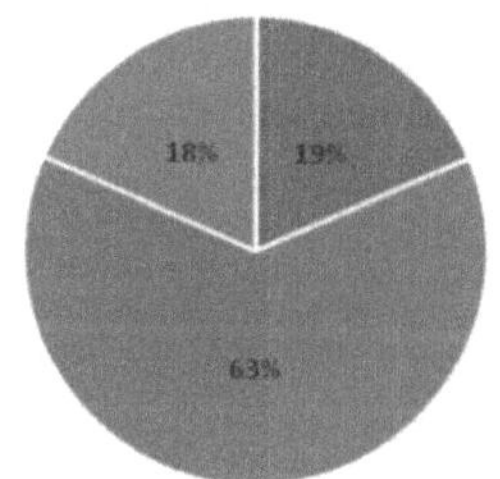

■已经制定明确规定 ■没有制定明确规定 ■不清楚

图3-10　学校对教师企业实践的规定

校企合作是中职学校专业课企业实践的重要基础，良好的校企合作关系为教师的企业实践营造了良好的内外部环境，有助于提高企业实践的实际效果。从图 3-11 的调查结果中可见，59% 的教师表示在企业实践过程中，校企双方拟定了较为详细的培训方案，对教师的教学能力、专业技能有针对性的作用，有 6% 的教师表示虽然有培训方案，但是内容并不具体，无法发挥预期作用，还有 21% 的教师明确表示在企业实践中校企双方并没有具体的培训方案。

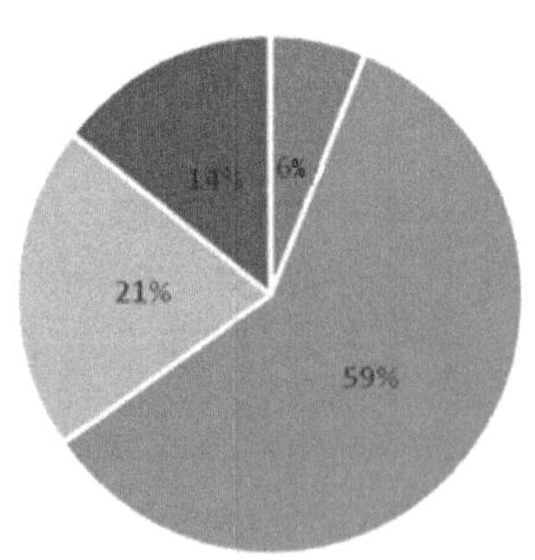

■有，且比较具体 ■没，但很不具体 ■没有 ■不清楚

图3-11 教师企业实践方案监督管理方式

中职学校专业课教师的企业实践本身就是一次重要的挑战，面临着来自学校、企业以及教师本身的多重压力，要想切实管理好教师企业实践秩序，中职学校就需要重视监督与管理。图 3-12 的调查结果表明，多数教师所在的中职学校要求参与企业实践的教师定期向学校相关部门汇报企业实践情况，部分学校监管疏忽，任由教师自行安排。但同时，不可否认的是，也存在一部分中职学校非常重视对企业实践的监管，校企交流频繁。

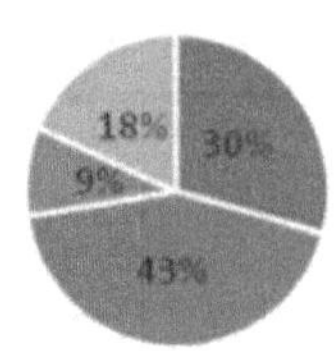

■任由教师自己安排、学校及基本不予以监管

■教师定期向学校相关部门汇报企业实践情况

■校企交流比较频繁，由学校相关部门或系部领导定期去企业检查参加企业实践的老师

■学校定期通过电话、邮件等方式向企业简介了解教师实践情况

图3-12 学校对教师企业实践的监督管理方式

中职学校专业课教师参与企业实践的最重要目的就是在实践中了解自身的不足，提高教学水平，进一步提高教学质量。从学校角度来看，为了全方位地了解

教师企业实践的具体情况，就需要采取一定的方法对其进行考评。图 3-13 表明，44% 的教师认为自己所在学校并没有对企业实践进行考评，只要有相关文件和图章证明就可以了，还有 22% 的教师表示学校是根据现有的考评考核制度进行考评的。另外，还有少部分教师认为学校对企业实践的考评视教师在企业完成项目的效果而定。可见，中职学校对教师企业实践的考评尚需强化。

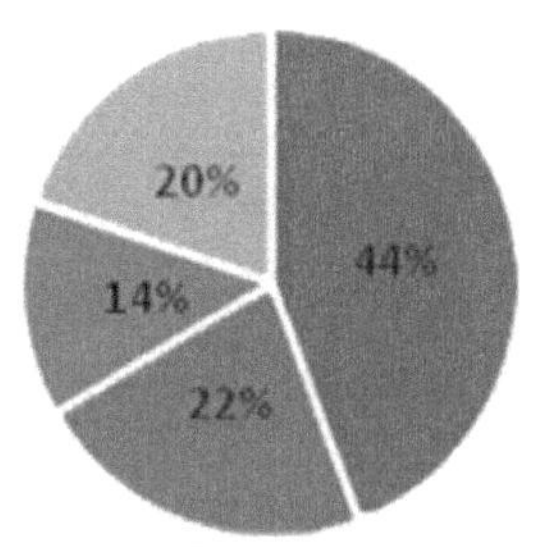

图3-13　学校对教师企业实践考评情况

目前，中职学校专业课教师参与企业实践的形式主要有参与企业产品研发和技术创新、到企业考察观摩、在企业的生产和管理岗位兼职或任职以及接受企业组织的技能培训等。从图 3-14 来看，在企业的生产和管理岗位兼职以及接受企业组织技能培训是两个最主要的企业实践锻炼形式，很大一部分中职学校专业课教师就是通过这两种形式进行企业实践的。

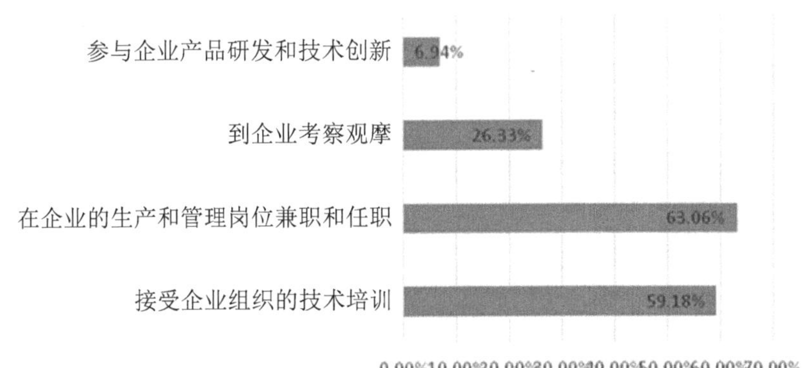

图3-14　教师企业实践的主要形式

从关于中职学校对教师企业实践的监管调查结果分析中，我们可以清晰地认识到，由于企业实践经验的不足，很多中职学校在开展教师企业实践活动时面临着很大的压力，无法激发教师的参与积极性，对企业实践结果的评估和监管也存在较大的提升空间。

四、企业实践效果

本文设计的调查问卷在企业实践效果方面共设置了两个问题，分别是“贵校教师企业实践对提高教师专业素养上的效果”以及“贵校教师企业实践是否对教学有帮助”。对这两个问题的调查结果如表 3-4 所示。

表3-4 关于中职学校专业课教师企业实践效果的调查结果

项目	内容	人数	所占比例（%）
教师企业实践效果	流于形式，不起什么作用	190	38.78
	有点作用，但不是很明显	209	42.65
	作用大	91	18.57
教师企业实践对教学的作用	有很大帮助	309	63.06
	稍有帮助	120	24.49
	几乎没有帮助	61	12.45

根据表 3-4 中的数据，不难发现，在参与调查的 490 位中职专业课教师中，约 39% 的教师明确表示企业实践流于形式，并不能起到提高教师专业素养的作用，约 43% 的教师认为企业实践对教师专业素养的作用并不显著。同时，也有约 18% 的教师认为企业实践对提高教师专业素养的作用很大。从这些数据中可见，中职学校专业课教师的企业实践效果还有待加强。

图 3-15 显示，63% 的被调查教师认为企业实践对教学有很大帮助，通过企业实践，教师的教学能力得到了加强，教学经验也更加的丰富，能够以更饱满的热情投入到此后的教学当中，教学效果将得到一定程度的提高。25% 的教师表示企业实践对教学稍有帮助，但效果并不十分明显。还有少部分教师认为企业实践对教学几乎没有帮助，无法提高教师的教学效果。

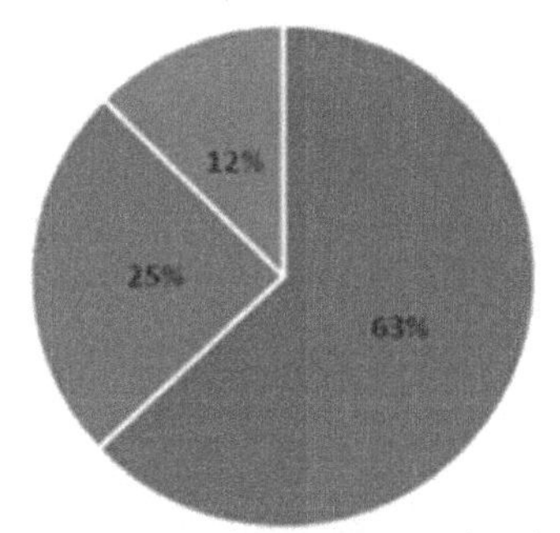

图3-15　教师企业实践对教学的作用

除了以上几个部分的调查以外，还对“企业对教师企业实践的态度”以及“企业不乐意接受教师进行企业实践的原因”展开了调查，调查结果如表 3-5 所示。

从表 3-5 的数据中可见，在关于“企业对教师企业实践的态度”调查中，290 位教师认为企业对待教师企业实践的热情并不高，仅仅是象征性地安排教师从事一些临时性的琐碎工作，不安排师父指导，对教师的关注程度也不高，还有 101 位教师认为企业在这方面比较敷衍，将老师当作嘉宾，并不安排实质性的工作。另外，仅有极少部分的教师认为企业的热情很高，能够根据实际需求安排合适的岗位和师父，认真指导教师顺利完成实践工作。足以见得，中职学校专业课教师进行企业实践的企业对教师的接纳程度较低，尚未准确认识到教师企业实践的重要意义，因而也无法配合学校达成预期的企业实践目标，极大地影响了中职专业课教师企业实践的参与积极性。

表3-5　企业态度

项目	内容	人数	占比（%）
企业对教师企业实践的态度	敷衍了事或把教师当成嘉宾看待	101	21.96
	积极热情，安排较合适岗位，有师父指导	67	13.67
	被动应付，只安排临时性工作，无指导	290	59.18
	热情很高，按教师需求安排岗位，师父认真指导	32	6.53
企业不愿接收企业实践原因（多选）	影响企业正常生产经营秩序	156	31.84
	需承担安全责任	105	21.43
	无经济收益，担心技术泄密	120	24.49
	缺乏激励补偿政策	109	22.24

在关于“企业不乐意接受教师企业实践的原因”的调查中，“影响企业的正常生产经营秩序、需承担安全责任、无经济收益并防止技术泄密以及缺乏激励政策”都是企业抵触教师企业实践的重要因素。事实上，从根本上来看，随着市场竞争的日趋激烈，企业要想获得生存就必须始终坚持利益最大化目标，而教师企业实践往往无法为企业带来显著的收益，反而很可能影响企业的运营，因而绝大多数的企业并不愿意接受教师进行企业实践。

第三节　中职专业课教师企业实践中问题及成因

上述分析表明，邯郸市三所中职学校的专业课教师企业实践虽已取得一些积极成效，但依旧存在很多问题。如管理制度不健全、企业实践的实效性差等，这些问题的存在不仅阻碍了中职学校专业课教师的企业实践进程，同时也不利于中职学校教学水平的提高。正因如此，面对日趋激烈的人才竞争，中职学校必须高度重视这些问题，结合日常运转实际挖掘导致这些问题的根本原因，准确把握问题的根源。

一、企业实践问题

（一）相关制度不够健全

虽然中职学校的专业课教师企业实践有一系列制度作保障，譬如考核制度、奖惩制度以及评价制度，但这些制度在具体实施过程中依旧存在一定的漏洞，导致中职专业课教师的企业实践缺乏健全的政策制度约束，实践中出现的很多问题也无法在短时间内得到根本性的解决，极大地降低了中职专业课教师企业实践的综合效率[①]。调查结果显示：有 62% 的参调者表示自己对教师企业实践的相关政策而并不了解；有 17.55% 的参调者明确表示自己并不知道有关的政策；56.73% 的参调者表示自己所在学校并未制定与教师企业实践相关的政策规定，制度建设十分缺乏。具体来说，政策制度的不健全体现在以下几个方面：

其一，中职学校专业课教师被分派到企业之后，主要由学校的教学部进行管

① 杨虹．高职专业教师企业实践制度研究 [J]. 职教论坛，2013（13）：65-67.

理，但是由于缺乏针对性的管理制度，参与企业实践的教师一旦出现问题，就很可能面临两难的困境，企业管理人不负责，学校教学部也无法予以回复。例如中职教师在企业实践的过程中，由于工作失误而导致企业的日常运营受到影响，那么按照常理，学校需要和企业对损失的多少和应对方法进行讨论，但实践表明，大多数此类事件是由教师自行赔付，不仅使得教师自身承担了较多的损失，也在很大程度上影响了校企合作关系的维系。

其二，中职学校的教师数量较多，师资构成较为复杂，对教师企业实践的时间、时长及实践单位的安排也是学校的一大难题。在此方面，中职学校未制定全面的规章制度，对教师企业实践的安排具有较大的随意性和波动性，缺乏明确的规定。在这样的情况下，中职学校专业课教师很容易会对学校的安排提出质疑，影响企业实践的公平性和公正性，同时也间接影响了教师企业实践的效果，不利于教学水平的提高。

其三，教育部门对中职学校专业课教师企业实践的管理政策还处于优化阶段。虽然自 2010 年以来，我国多个省市教育部门开始积极响应国家号召，鼓励中职学校开展教师企业实践工作，试图以这种方式提高中职教师的教学水平，拉动中职教育的深化发展，但从实际情况来看，教育部门对中职学校教师企业实践的硬性政策规定非常不足，仅有的几项规定也停留在表面上，缺乏针对性和操作性。

当然，除了以上提到的这几个方面的问题之外，中职学校专业课教师的企业实践本身就具有很强的复杂性，要想顺利完成，学校和当地教育部就必须制定详细的政策规定，发挥最佳的约束作用。因为不健全的政策规定将成为制约中职教师企业实践的重要阻力，使得教师企业实践无法顺利开展，甚至影响学校和企业的整体形象。

（二）企业实践的监管不到位

据了解，参与调查的邯郸市三所中职学校都没有建立系统的企业实践监管体系，对教师企业实践的监管依旧停留在简单的电话监督、抽调监督上，并不能深入了解教师企业实践的详细情况。企业实践的监管不到位主要表现在以下几个方面：

其一，与企业的沟通不到位。为了节约时间，将更多的精力放在教学上，学校并不会与企业进行频繁的沟通，仅仅是偶尔打电话询问情况，了解教师企业实践的基本现况。也正是因为这样，学校对教师企业实践的监督与管理无法顺利开展，很难及时发现教师企业实践中的不足和风险。

其二，监管流于表面。从问卷调查的结果中可以清晰地看出，中职学校对教师企业实践的监管常常以相关文件和图章证明为主要管理依据，而对教师在企业实践中的具体表现并未予以重视。同时，中职学校对这些图章证明的真实性并未进行调查，存在诸多不确定因素，可能影响监管的效果。

其三，当地教育部及相关部门对中职学校的教师企业实践监管不足。除了中职学校本身，当地教育部及有关部门就是企业实践的重要监管者，负责发现教师企业实践的弊端，为学校指出调整方向，并督促学校及时调整。然而，截至2015年年底，邯郸市教育部门都未构建针对中职学校教师企业实践的监管系统，只是每隔一段时间进行一次实际考察，根据考察的结果判断各个中职学校教师企业实践的现况。在这种监管模式之下，中职学校教师企业实践的很多问题都不能得到反映，成为企业实践的潜在风险，影响企业实践的持续发展。

总体而言，中职学校对专业课教师企业实践的监管是提高企业实践整体效果的关键，健全的监管体系能够及时发现企业实践中的问题，并做出相应的调整。但从目前邯郸市三所中职学校的教师企业实践来看，学校对企业实践的监管尚处于亟待完善的状态，还面临着诸多严峻的考验。

（三）专业课教师企业实践实效性低、主动性不强

毫无疑问，企业实践是一项费时费力的活动，不仅教师需要花费较多的时间和精力，学校还需要灵活地调整各个教师的教学任务，确保教师企业实践不影响正常的教学进程。此外，中职专业课教师的企业实践还需要耗费较多的金钱，以确保大多数教师获得参与企业实践的机会。那么在花费了时间、精力和金钱之后，教师企业实践的实效性却并未得到充分体现。经过本文对教师企业实践效果的调查，发现很多中职教师认为企业实践不同于其他很多种教学培训，是一种直接进入企业，直观感受技能的实实在在的应用，在操作中教师会生出强烈的紧迫感。然而，即便如此，由于诸多生产条件是学校无法具备的，例如数控、汽修等专业，就算学校花费大量资金创造出了相似的生产条件，也常常达不到与现场作业一样的工作、成果鉴定等条件，所以教师企业实践的实际效果无法在日常教学中得以

体现[①]。从这一角度来说，学校对教学条件的营造不到位是导致企业实践实效性难以充分体现的关键因素。

另外，从企业的角度分析，虽然中职教师拥有较为系统的理论知识，但在长期教学活动中并未或者很少进行实际操作，所以在参与企业实践的过程中可能会由于经验不足等原因发生重要失误，影响企业的正常运营，使得企业面临不必要的损失。考虑到这一点，诸多企业本质上并不愿意接收教师进行企业实践，即便是接收了，也很少会尽全力引导教师参与其中，常常会安排不紧要的工作。因此，中职专业课教师也无法通过企业实践获得更多的新知识，自身的教学水平也就很难在实践中得到提高，更不用说企业实践的实效性了。

从问卷调查的诸多数据中不难发现，中职学校的专业课教师对企业实践的参与主动性并不高，存在很大一部分教师是为了完成学校规定的硬性任务而参与企业实践，本着这样的心态，其也很难从企业实践中吸收到新的知识。另外，伴随着我国中职教育的持续发展，截至2015年年底，我国中职毕业生达到515.47万人，占全国总毕业生的52.04%。正因如此，中职学校的生存竞争异常激烈，越来越多的中职学校进入竞争市场，使得原有的中职学校面临着较大的生存压力。在这样的局势下，中职学校必须尽快提高综合教学能力，获得更强的竞争力，而专业课教师企业实践作为提高教学水平的重要渠道，顺理成章地成为重中之重。但由于专业课教师企业实践的参与积极性不高，中职学校的教学水平很难在短时间内得到显著提升。

与此同时，对于部分中职学校来说，在经费有限、教师数量不足、教学任务繁重的多重压力下，学校通常很难为参与企业实践的教师提供其他补贴，这也在很大程度上影响了教师的参与热情[②]。

二、问题成因

（一）学校方面

从学校层面分析，造成以上一些企业实践问题的重要因素莫过于学校领导人

①戴汉冬，石伟平．职业院校教师到企业实践存在的问题及建议 [J]．职教论坛，2015（2）：4-7.

②刘红委．职业教育教师企业实践方式及其特点分析 [J]．继续教育研究，2012（1）：66-68.

的轻视、经费的有限以及企业实践运行机制的缺陷。其中，学校领导人对教师企业实践的重视程度在某种程度上直接影响了专业课教师企业实践的效果，是推动教师企业实践进一步发展的关键动力[①]。虽然近年来，在教育部等有关部门的积极倡导之下，中职学校已经能够认识到教师企业实践对于提升教学水平的重要作用，但是并没有将其转化为发展企业实践的动力，仅仅是通过教师会议等形式强调了企业实践的重要意义，未能采取实质性的行动。由于缺乏校领导的支持，邯郸市三所中职学校的专业课教师企业实践很难得到顺利的开展。

另外，充足的经费也是保证教师企业实践得以运行的重要前提，但对于绝大多数中职学校而言，政府每年拨出的经费非常有限，除了维系正常教学运行外，基本没有富余经费用于安排教师企业实践的日常事务，更无专用经费用于教师企业实践的正当补贴。正因如此，教师参与企业实践的积极性受到重大打击，企业实践的运行受到阻碍。

除了领导者重视度以及经费之外，学校的教师企业实践运行机制问题也是诱发诸多问题的根本原因。例如教师企业实践的时间、时长以及实践企业的安排都属于运行机制的范畴，由于运行机制的缺陷，中职学校教师企业实践也将无法开展。

（二）教师方面

从中职专业课教师层面分析，教师参与企业实践的积极性较低，对企业实践的认识和理解浮于表面，无法准确把握企业实践的具体方向，在实践中全方位地锻炼自己。通常情况下，中职学校为了完成教学任务，常常会对教师的教学绩效提出非常详细的规定和要求，促使中职专业课教师将绝大部分的注意力集中在教学实践上，而很容易忽视企业实践对教学水平的提升作用，不愿意花时间参与企业实践[②]。这就导致中职专业课教师的企业实践得不到来自教师的支持，实施效果不尽如人意。除此以外，中职专业课教师还需要兼顾家庭、日常生活等，尤其是中年教师，即便是顺利参加了企业实践，也往往很难全身心地投入其中，在实践中得到应有的锻炼。在这一系列因素的诱导之下，中职专业课教师的企业实践

① 周建华．校企人力资源互动下的高校教师企业实践研究 [J]. 中国校外教育，2012（z1）：204.

② 钟桂英，詹晓东，蔺智勇．高职院校专业教师企业实践评估指标体系构建的探索 [J]. 科技创新导报，2012（21）：241.

正面临着很大的挑战。

（三）企业方面

除了学校和教师之外，企业也是中职专业课教师企业实践得以顺利进行的重要保障，直接影响着教师企业实践的效果。就本次问卷调查的结果来说，符合企业实践条件的企业数量较少，企业对教师企业实践的重视程度也明显不够，甚至存在很大一部分企业明确表示不接收中职专业课教师进行实践。对此，从企业层面分析，企业管理者对教师企业实践的认识不到位是造成这一系列问题的直接原因。在我国市场经济飞速发展的背景下，无论是哪一行业，都承担着很大的生存压力，不断饱和的市场要求各个企业以更加饱满的精神参与市场竞争，竭尽所能地谋求立足之地。正因如此，很多企业高度关注利益最大化目标的实现问题，无法分散出更多的精力来关注教师企业实践。同时，从短期来看，中职专业课教师的企业实践通常无法在短时间内为企业创造明显的收益，这也极大地降低了企业对教师企业实践的认同度。

第四节　中职专业课教师企业实践策略

针对中职学校专业课教师企业实践所存在的问题，需要从制度、监管、教师参与积极性以及企业等方面，制定中职专业课教师企业实践优化策略。

一、完善企业实践的配套制度

（一）建立校企合作制度

中职学校专业课教师企业实践是一件实实在在的事情，学校每年都要安排一批专业课教师参与到企业生产实践当中，企业实践作为提升中职学校师资力量的重要途径在未来较长一段时间内都将长期存在。为此，学校和企业之间有必要根据双方实际情况建立长期稳定的校企合作制度，用具体的规章制度来管理学校与企业在教师企业实践方面的各项合作。具体而言，在校企合作方面应重点关注以下内容：

其一，了解参与企业实践的教师的教育教学技能情况，充分听取教师对校企合作的意见，拟定具体的企业实践内容，确定学校期望通过企业实践达成的目标；

其二，根据教师自身实际情况选择合适的企业岗位。在参与企业实践之前，学校要将教师对实践的要求告知企业，听取企业的意见，最终与企业共同确定实践岗位和工作内容；

其三，针对教师的工作激励和绩效考核问题，中职学校也要与企业达成具体的书面协议，形成详细的规章制度，确保企业实践的公平与公正；

其四，将学校与企业在企业实践方面达成的种种共识告知所有参与企业实践的专业课教师，并将这些共识进行量化，形成一个个详细的要求，对教师企业实践提供全方位的指导；

其五，在教师企业实践期间，学校与企业应当保持定期的沟通与交流，及时发现教师企业实践中暴露的问题，作出必要性的调整；

其六，在企业实践结束之后，学校与企业需要进行信息交换和总结，从此次专业课教师企业实践的过程及取得的效果中寻找进一步优化的方法，不断完善校企合作制度。

需要特别指出的是，学校与企业应该始终保持紧密的联系，对教师企业实践进行多方面的管理，而不是任由教师自行安排。同时，校企合作制度的建立还需充分尊重教师的意愿，确保制度的民主性、合理性及可行性。

（二）健全学校内部有关教师企业实践的管理制度

目前，多数中职学校的教师企业实践是利用暑假时间，除去教师应当完成的假期工作以外，到企业实践的时间是非常有限的。2011 年的《中等职业学校青年教师企业实践管理办法》由教育部和财政部联合发文。这一文件的发布表明多部门协作的工作局面已经显现，政策落实有了经费保障。在政策执行主体和投入主体的层级上有所提高：执行主体从地方各级教育行政部门和学校上升到省级教育、财政部门；经费投入从地方教育事业费中专项列支到以中央财政投入为主，中央补助资金标准为 2 万元 / 人次，并实行政府购买实践岗位的模式。可见，中职学校的专业课教师企业实践是花费了较多人力物力的，从某种角度分析，企业实践本质上属于一种交易投资，既是投资就要讲究效益。而实际情况表明，中职学校的教师企业实践效果并不显著，要想提高效益，作为上下衔接者的学校就要发挥其最大的效用。学校内部就需建立健全的企业实践管理制度。

首先，考勤制度。对于中职学校而言，考勤是保证教师的企业实践是最为基本的管理目标。虽然通常情况下，考勤是由接收教师实践的企业直接负责，但为了进一步提高考勤的综合效率及准确性，也应当将这一制度转化为教师的主动行为。

其次，考核制度。中职学校的专业课教师企业实践考核可以分为两个部分，分别是实践效果的直接考核以及体现在教师日常教学及技能比赛中的间接考核。其中，直接考核主要是在企业实践结束以后，企业组织人员对教师在实践期间的工作情况进行考核，并填写考核评价表。相比之下，间接考核更具说服力，同时也是教师企业实践效果的重要考察。考核结果对中职教师企业实践的积极性产生了很大影响，较高的考核成绩有助于增强教师的参与热情，以更加昂扬的斗志参与到此后的工作中。

最后，福利待遇制度。福利待遇制度是中职教师企业实践中最为关注的一项制度，学校应当立足自身实际，结合同类中职学校教师企业实践的福利状况，拟定完整的福利待遇制度。根据教师的企业实践情况，设定不同的福利奖励标准，形成完整的福利待遇体系。

（三）强化企业内部对教师企业实践的管理制度

企业对前去实践的中职学校专业课教师拥有直接管理权，因此企业的各项管理措施也将影响到教师企业实践的效果。本书认为，在中职教师企业实践过程中，企业可以从以下三个方面强化管理制度：

其一，合理定位教师在企业中担任的角色，不能对前来实践的教师采取“特殊政策”，在工作纪律、考勤等方面要与其他员工一视同仁；

其二，由于不同的教师教育水平不同，教学任务也存在显著差异，所以企业还需根据岗位需求以及教师本人和学校的需要，确定教师的具体实践内容，并采取合适的方法对教师的实践现况进行严格的考核；

其三，鉴于中职学校的专业课教师企业实践通常是短期的，并且具有一定的特殊性，是为了配合学校人才培养目标而进行一种特殊学习，所以企业应对教师的价值予以充分的尊重。

（四）上级主管部门完善政策法规

《国务院关于大力推进职业教育改革与发展的决定》中明确指出：要有计划地安排教师到企事业单位进行专业实践和考察，提高教师的专业水平。职业学校仅仅培训自己的教师也是不行的，学校本身属于教育部门，而企业却不属于教育部门，企业对教师实践的培养要符合相关的规定。要想最大限度地保证中职专业课教师企业实践符合规定，就离不开政策法规的约束。正因如此，上级主管部门应当尽快完善关于中职学校教师企业实践的管理政策，形成具体而详细的管理体系。首先，要客观地调查现行政策法规中存在的缺陷，找出管理不到位的地方；其次，针对政策法规中的缺陷，成立专家研讨小组，在丰富的实证考察和讨论中形成政策法规的优化方法；再次，对初步确定的优化方法进行小范围的测试，根据实际测试结构判断该政策的可行性；最后，将详细的政策法规传达到各个下级部门，并督促其及的作出调整。

二、建立健全的监管体系

由于中职学校专业课教师的企业实践具有很强的复杂性，涉及学校、教师、企业与上级主管部门四个方面的联系，面临着来自内外部的多种风险，稍有不慎就会阻碍教师企业实践的进行。对此，学校、企业及教育主管部门就必须建立完善的教师企业实践监管系统，形成相互制约、相互监督的管理格局，确保中职教师企业实践的长久发展。

（一）学校的监督

在中职学校中，负责安排专业课教师进行企业实践的部门是教务部，该部门需要根据教师教龄、教学水平、职称、年龄及绩效成绩来安排企业实践。在此过程中，由于教师数量较多，各个教师的具体情况存在较大差异，要想合理安排好所有的教师是很有难度的，很容易会发生像数控专业的教师到纺织类企业中实践、教师无法获得实践机会等情况。正因如此，中职学校应该成立专门针对教师企业实践的监管小组，从时间安排到最终的实践总结，全程监督教师企业实践的各项安排工作，最大限度地保证教师企业实践的公平性与公正性。一般来说，这种监督小组可以由已经参加过企业实践的教师组成，也可以直接由学校领导组成。

当然，学校在成立监管小组之后，还要制定明确的监管标准和监管规定，做到“有理有据，有章可循”。例如学校可以在现有的监管制度基础上，充分结合教师企业实践的具体要求，作出必要的调整，形成符合中职教师企业实践监管要求的监管规定。如此一来，中职学校专业课教师企业实践中来自学校方面的风险将得到有效的控制，实践的效果也将得到进一步的提升。

（二）企业的监督

企业既是接纳中职教师企业实践的主体，又是反馈教师企业实践效果的主体，在中职教师企业实践中起到了关键性的作用。正如上文中多次提及的那样，在经济全球化和贸易全球化的背景下，各类企业的生存与发展都面临着很大的压力，将绝大部分的精力都投入到开拓市场、谋求发展上，往往不会过多地关注教师的企业实践情况，自然在监管方面也有所疏漏。然而，正是这些疏漏的存在，才导致很多中职教师无法在企业实践中得到充分的锻炼，浪费了实践机会。因此，企业也应建立专门的监督小组，重点分析教师企业实践的各方面情况，小到教师出勤次数，大到教师工作绩效，在全方位的监督中及时发现教师企业实践的缺陷。

值得强调的是，企业对教师企业实践的监督不同于学校的监督，其通常侧重于教师的工作绩效，希望最大限度地激发教师的工作能力，为企业创造更多的收益，而对教师教学能力的提升并不重视。针对这一现象，中职学校仍需与企业进行更加深入的沟通，在监督方面达成统一的协议，做到学校与企业的联合监督，从而达到最佳的监督效果。首先，中职学校要明确中职专业课教师企业实践的各个具体流程，明确监督要点；其次，由于中职学校专业课教师在企业的时间较长，所以必须学校和企业共同监督，以便校企达成一致；再次，中职学校也要协助企业制订详细的监督计划，落实到专业课教师实践的各个方面；最后，要及时地了解企业监督的实效，发现教师企业实践中的不足之处，积极调整。

（三）教育主管部门的监督

时下，我国诸多省市教育主管部门对中职学校专业课教师企业实践的监管还停留在空喊口号的状态，受教育部的大力号召，这些省市级教育主管部门本质上是了解中职教师企业实践的重要性，并且在多次会议上也采取一定的措施鼓励中职学校积极开展教师企业实践工作，但是并未加以落实。具体来看，教育主管部门对中职学校专业课教师企业实践的监管可以从以下几个方面切入：

其一，明确监督规范。针对不同的中职学校，教育主管部门对其教师企业实

践的具体要求也存在一定的差异，基于此，教育主管部门的监督首先要明确详细的监督规范，形成具体的监督条例。

其二，选拔合适的监管人员。监管人员可以是各中职学校的校长，也可以是来自教育主管部门的工作者。由于监管人员的综合素质在很大程度上决定了监督的总体效果，所以教育主管部门对监管人员的选拔也要三思。

其三，及时反馈监管信息。教育主管部门在对中职学校教师企业实践的监管过程中，要及时反馈监管信息，告知学校教师企业实践中存在的不足或者可能面临的种种风险。

除了以上提到的三个方面以外，教育主管部门对中职学校教师企业实践的监管作为最为关键的监管环节，应在上级教育监督部门内打造一支高水平的指导团队，落实“突击检查和长效指导”相结合的做法，真正起到督促学校重视教师企业实践的重要作用，通过向学校施加一定的压力，促使学校更加重视企业实践的实施和运行。当然，由于我国职业学校教师企业实践的相关政策规定还处于不断的完善和调整中，所以地方教育部门还应紧跟政策调整方向，在第一时间内对监督体系作出必要的改善。

三、鼓励教师积极进行企业实践

有了健全的制度机制和监管体系之后，中职学校专业课教师对企业实践的参与热情也对实践效果产生了重要影响。从问卷调查的结果中也可以清晰地看出，在高强度的教学压力之下，中职专业课教师对企业实践的参与积极性其实并不高，常常是为了完成学校规定的硬性任务，或者考虑到职称考核等方面的因素，才“被动”地进行企业实践。长此以往，不仅无法达到预期的企业实践目标，同时也会造成学校和企业资源的浪费，不利于中职教育的发展。在此后的企业实践中，学校、企业及教育主管部门都应积极鼓励教师参与企业实践，辅以一定的物质激励和精神激励，从根本上增强教师的参与意愿，改善中职学校专业课教师企业实践的发展现况。

第一，我国教育部等相关部门已经认识到中职学校教师企业实践对提高中职教育水平的重大意义，开始对此提出详细的要求，在很大程度上推动了中职学校专业课教师企业实践的实施。同时，在上级部门的政策支持之下，越来越多的中职学校开始参与到教师企业实践的行列当中，为实现教师企业实践做出了较多努力。

第二，通过对调查问卷结果的整理与分析，发现在政府的多项政策制度的支持之下，虽然很多中职学校在专业课教师企业实践方面取得了一定的成果，但仍存在许多的问题阻碍了中职学校教师企业实践的进一步发展，即相关制度不够健全，企业实践的实效性尚未得到充分体现，企业实践的监管不到位，专业课教师企业实践的主动性不强以及校企合作关系有待加强。中职学校要想从根本上提高专业课教师企业实践效果，就必须高度重视这些问题，寻找合适的方法加以解决。

第三，学校、教师及企业是中职学校专业课教师企业实践的主体，任何一方出现问题都将影响企业实践的顺利开展。本课题的研究也表明，学校对教师企业实践的不重视、教师积极性低以及企业对教师企业实践的抵触都是造成以上问题的根本原因。

第四，面对日趋激烈的人才竞争，中职学校应当结合自身实际寻找有效的办法缓解教师企业实践中存在的种种问题，切实提高综合教育水平。完善企业实践的配套制度，建立健全的监管体系，鼓励教师积极参与到企业实践中以及不断寻找合适的合作企业等是中职学校优化专业课教师企业实践的重要策略。

第四章
中职教师企业实践的阻力因素与动力机制

国内外研究与实践表明，企业实践是中职教师实现专业发展的有效途径，也是推进产教融合、校企合作的重要手段。近年来，在党中央、国务院及教育部制定的一系列方针政策的指引下，各个省市相继制定了相关政策，中职教师企业实践制度日渐完善，相关体制机制逐步确立。多数中职学校将中职教师企业实践成果作为绩效评价的标准之一，对推动中职教师定期参与企业实践发挥了重要作用。各级地方政府及其教育行政部门积极推动地方企业参与校企合作，为中职教师提供了实践基地。企业关于接受教师企业实践的相关管理办法也日渐成熟，有效地调动了中职教师定期参与企业实践的积极性。然而，中职教师企业实践结果却不尽如人意，距离中职教师专业化发展要求及提升中职教育质量的需求还有较大的距离。究其原因，关键在于教师、学校、政府与企业各方在企业实践过程中所扮演的角色不清，相关职责定位不明，直接影响了中职教师定期参与企业实践制度的运行效果。毛泽东主席的《矛盾论》指出，在复杂事物的发展过程中，主要矛盾处于支配地位，起决定作用。所以，我们要抓住工作重点，着力解决主要矛盾。主要矛盾解决了，其他矛盾就迎刃而解了。据此，本章采用多种研究方法，试图精准发现中职教师企业实践的主要阻力因素，构建相应的动力机制，推动中职教师企业实践制度的建设与运行。

第一节 中职教师定期企业实践的阻力因素

本研究突破了以往研究阻力因素多基于感官认知的局限，采用问卷调查结合现场访谈的研究方法，对中职教师定期企业实践的阻力因素进行了深入探讨。运用数理分析法，明确了各阻力因素的内在逻辑关系，为制定相应的动力机制奠定了基础。

一、调查与分析方法

（一）调查方法

结合已有研究成果，初步确定了影响中职教师企业实践的 28 项因素指标。在此基础上，对指标进行分类，形成阻力因素及其阻力强度调查问卷初稿。采用德尔菲法（Delphi Method），将初稿分送至 12 名专家（其中，高等学校职业教育研究专家 4 名，中职学校主管人员 4 名，中职学校专任教师 4 名）。如此反复 3 次（由于专家意见不同，不同专家反复次数不一），最终确定了《中职教师企业实践的阻力因素及阻力强度调查问卷》，具体内容如附录一所示。

采用 Likert 五级等级评定法，将阻力强度设定为 1 ～ 5 分。其中：1 分为无阻力，2 分为阻力较小，3 分为阻力一般，4 分为阻力较大，5 分为阻力非常大。应用 Excel 软件对调查结果进行了汇总，按问卷 5 个级次，将求得的某阻力因素的阻力平均值定义为“阻力强度”，当某问项的阻力强度高于本级次赋值的 0.5 分（不含）以上时，认定该问项具有上级次趋向；当某问项的阻力强度低于或等于本级次赋值的 0.5 分时，认定该问项为本级次。

（二）分析方法

应用 Excel 软件建立调查结果数据库，利用 DEMATEL 法进行统计分析。该方法由美国巴特尔研究所学者 Gabus 与 Fontela（1971）首次提出，利用图论与矩阵原理，可对各阻力因素进行系统分析。Shinichiro（1997）等通过 DEMATEL 法，建立了直接影响矩阵、综合影响矩阵等一系列矩阵，通过相关的分析确定影响因素指数值，得出各因素影响度、被影响度、原因度和中心度，进而确定各影响因素间的影响大小与重要程度[①]。相关研究结果表明，决策小组人员由 5 ~ 15 人进行较为合适[②]，本研究选择 12 名专家和一线教师组成了决策小组（成员与德尔菲法一致），符合 DEMATEL 法应用的决策小组人数要求。

二、调查过程及结果

（一）调查过程

调查于 2017 年 11 月实施。课题组深入内蒙古自治区阿荣旗职业中等专业学校、海拉尔现代产业技术学校、鄂温克族自治旗职业中学三所案例学校，联系了学校教务处领导，由其委派相关负责教师协助实施了相关调查。三个案例学校各发放了 100 份调查问卷，各学校发放问卷的具体回收情况及有效问卷情况如表 4-1 所示。

表4-1　中职教师企业实践阻力因素及阻力强度调查问卷发放及回收情况

学校名称	发放问卷数量（份）	回收问卷		有效问卷	
		数量（份）	回收率(%)	数量（份）	有效率(%)
阿荣旗职业中专学校	100	74	74.00	71	95.95
海拉尔产业技术学校	100	63	63.00	52	82.54
鄂温克族自治旗职中	100	83	83.00	74	89.16
合计	300	220	73.33	197	89.55

（二）调查结果

利用 Excel 软件汇总调查结果，并实施统计分析，计算各阻力因素阻力强度的平均值。而后，筛除影响度在 3.5 分（不含）以下的 12 项因素，确定了中职教师企业实践的 3 个维度、11 项阻力因素。具体调查结果由表 4-2 所示。

①周齐佩，尚晓萍．中职教师企业实践培训模式设计、实现与成效——基于上海市的实践[J]．职教论坛，2017（27）：84-88.

②王继平，盛晓君．简析职教教师企业实践的必要性与有效性[J]．中国职业技术教育，2016（3）：44-47.

表4-2　中职教师企业实践阻力影响因素调查结果

维度	影响因素		阻力强度
	编码	指标	
教师	a_1	企业实践认识	3.70
	a_2	专业与企业契合度	3.59
	a_3	企业实践经费	3.86
	a_4	教师企业实践组织	3.57
学校	a_5	专业与产业契合度	3.65
	a_6	政策环境	3.57
	a_7	督导力度	3.59
企业	a_8	生产经营条件	3.62
	a_9	发展规模	3.56
	a_{10}	核心技术保密	3.61
	a_{11}	接收教师实践成本	3.54

为便于分析，将各项阻力因素分别命名为 a_1，…，a_n（n=11）。其中，教师维度含有4项阻力因素，包括企业实践认识、专业与企业契合度、企业实践经费、教师企业实践组织；学校维度含有3项阻力因素，包括专业与产业契合度、政策环境、督导力度；企业维度含有4项阻力因素，包括生产经营条件、发展规模、核心技术保密、接收教师实践成本。

（三）结论

筛除影响度在3.5分（不含）以下的12项因素后，本调查确认，中职教师企业实践在教师、学校、企业三个维度存在11项阻力因素，阻力强度均在3.5～4.0分之间，归于“阻力较大”的程度。教师维度中，4项阻力因素的阻力强度从高到低依次为：企业实践经费（3.86）、企业实践认识（3.70）、专业与企业契合度（3.59）、教师企业实践组织（3.57）。学校维度中，3项阻力因素的阻力强度从高到低依次为：专业与产业契合度(3.65)、督导力度(3.59)、政策环境(3.57)；企业维度中，4项阻力因素的阻力强度从高到低依次为：生产经营条件（3.62）、核心技术保密（3.61）、发展规模（3.56）、接受教师实践成本（3.54）。

三、分析过程及结果

（一）分析过程

在确定中职教师企业实践阻力因素之后，将其整理为调查表，再次分送 12 名专家，由其确定各项阻力因素之间的影响程度。根据 DEMATEL 法的具体要求，甲因素对乙因素的影响程度由弱到强分别取值为 0 ～ 3 级。其中，0 为甲因素（a_i）对乙因素（a_j）没有影响，1 为影响一般，2 为影响较大，3 为影响极大。以 $\boldsymbol{X}_{ij}$（i=1，…，n，j=1，…，n，$i \neq j$）表示因素 a_i 对 a_j 的直接影响程度，若 i=j，则 $\boldsymbol{X}_{ij}$=0。而后，实施 DEMATEL 分析，具体步骤为：

第一步：建立中职教师企业实践阻力因素的直接影响矩阵。

遵循少数服从多数的原则，将频率最高数值确定为对应因素的直接影响程度，获得直接影响矩阵 $\boldsymbol{X}$ 如表 4-3 所示。

表4-3　中职教师企业实践直接影响矩阵

矩阵 $\boldsymbol{X}$	a_1	a_2	a_3	a_4	a_5	a_6	a_7	a_8	a_9	a_{10}	a_{11}
a_1	0	3	3	3	3	2	2	2	1	0	0
a_2	2	0	2	2	3	2	2	2	2	1	0
a_3	3	1	0	2	3	2	1	2	3	0	2
a_4	2	0	1	0	0	1	1	2	1	0	2
a_5	2	3	1	1	0	1	1	2	3	1	1
a_6	3	3	3	3	3	0	3	3	3	3	3
a_7	2	2	2	3	0	0	0	0	0	0	2
a_8	1	2	2	3	3	1	1	0	3	1	3
a_9	1	0	2	1	1	1	1	3	0	3	3
a_{10}	1	2	2	0	2	2	0	3	1	0	3
a_{11}	2	2	3	1	1	1	3	2	1	0	0

第二步：确定各个阻力因素之间的实践规范化影响矩阵。

将直接影响矩阵 **X** 实施标准化，转化为 **G** 矩阵。转化方法为，对 **X** 每一行的行元素求和，将 **X** 除以最大行和，获取相关数据组成 **G** 矩阵，具体如表 4-4 所示。计算公式如下：

$$\boldsymbol{G}=\frac{1}{\max\limits_{1\leqslant i\leqslant n}\sum\limits_{j=1}^{n}A_{ij}}\boldsymbol{X}$$

公式中，**X** 为直接影响矩阵值，为因素对的直接影响度。

表4-4　中职教师企业实践规范化影响矩阵

矩阵 **X**	a_1	a_2	a_3	a_4	a_5	a_6	a_7	a_8	a_9	a_{10}	a_{11}
a_1	0.00	0.10	0.10	0.10	0.10	0.07	0.07	0.07	0.03	0.00	0.00
a_2	0.07	0.00	0.07	0.07	0.10	0.07	0.07	0.07	0.07	0.03	0.00
a_3	0.10	0.03	0.00	0.07	0.10	0.07	0.03	0.07	0.10	0.00	0.07
a_4	0.07	0.00	0.03	0.00	0.00	0.03	0.03	0.07	0.03	0.00	0.07
a_5	0.07	0.10	0.03	0.03	0.00	0.03	0.03	0.07	0.10	0.03	0.03
a_6	0.10	0.10	0.10	0.10	0.10	0.00	0.10	0.10	0.10	0.10	0.10
a_7	0.07	0.07	0.07	0.10	0.00	0.00	0.00	0.00	0.00	0.00	0.07
a_8	0.03	0.07	0.07	0.10	0.10	0.03	0.03	0.00	0.10	0.03	0.10
a_9	0.03	0.00	0.07	0.03	0.03	0.03	0.03	0.10	0.00	0.10	0.10
a_{10}	0.03	0.07	0.07	0.00	0.07	0.07	0.00	0.10	0.03	0.00	0.10
a_{11}	0.07	0.07	0.10	0.03	0.03	0.03	0.10	0.07	0.03	0.00	0.00

第三步：计算各影响因素之间的综合影响矩阵 **T**。

运用公式 $\boldsymbol{T}=\boldsymbol{G}^1+\boldsymbol{G}^2+\cdots+\boldsymbol{G}^n=\boldsymbol{G}(\boldsymbol{I}-\boldsymbol{G})^{-1}$ 计算出综合影响矩阵 **T** 如表 4-5 所示，其中 **I** 为单位矩阵。通过综合影响矩阵的计算，可获取各个因素的影响指数值，分析各阻力因素对中职学校教师企业实践的影响程度。

表4-5　中职教师企业实践综合影响矩阵

矩阵 $\boldsymbol{X}$	a_1	a_2	a_3	a_4	a_5	a_6	a_7	a_8	a_9	a_{10}	a_{11}
a_1	0.25	0.20	0.14	0.61	0.18	0.14	0.05	0.13	0.25	0.20	0.14
a_2	0.23	0.20	0.14	0.67	0.18	0.17	0.08	0.14	0.23	0.20	0.14
a_3	0.24	0.21	0.15	0.73	0.19	0.21	0.05	0.21	0.24	0.21	0.15
a_4	0.11	0.07	0.08	0.44	0.13	0.09	0.03	0.15	0.11	0.07	0.08
a_5	0.19	0.10	0.11	0.67	0.17	0.19	0.08	0.16	0.19	0.10	0.11
a_6	0.37	0.27	0.13	1.18	0.29	0.26	0.17	0.32	0.37	0.27	0.13
a_7	0.18	0.06	0.04	0.28	0.06	0.06	0.02	0.13	0.18	0.06	0.04
a_8	0.27	0.21	0.12	0.72	0.13	0.21	0.08	0.24	0.27	0.21	0.12
a_9	0.20	0.14	0.11	0.73	0.21	0.10	0.14	0.24	0.20	0.14	0.11
a_{10}	0.16	0.18	0.14	0.65	0.21	0.14	0.05	0.23	0.16	0.18	0.14
a_{11}	0.17	0.13	0.10	0.55	0.16	0.12	0.04	0.11	0.17	0.13	0.10

第四步：通过综合影响矩阵，依次计算各阻力因素的影响度（Effect Degree，ED）、被影响度（Affected Degree，AD）、中心度（Prominence Degree，PD）与原因度（Cause Degree，CD）等指数值。

影响度为各阻力因素对应行之和，表示该行因素对所有其他因素的综合影响值。被影响度为各阻力因素对应的列和，表示该列对应因素对所有其他因素的综合影响值。原因度为影响因素与被影响因素之差，表示该因素与其他因素的因果逻辑关系。若某阻力因素原因度值大于零，则判定该阻力因素为原因因素，说明该阻力因素对其他阻力因素发挥着主导作用；若某阻力因素原因度值小于零，则判定该阻力因素为结果要素，说明受其他阻力因素的影响制约。中心度为影响度与被影响度之和，表示该阻力因素在整个系统中的重要程度，中心度越大，表明该阻力因素的作用就越大。计算获取的各阻力因素的综合指数值如表 4-6 所示。

表4-6　中职教师企业是实践阻力因素综合指数值

维度	影响因素	影响度	被影响度	原因度	中心度
教师	企业实践认识	2.31	2.16	0.15	4.47
	专业与企业契合度	2.36	1.99	0.37	4.36
	企业实践经费	2.58	2.29	0.29	4.88
	教师企业实践组织	1.46	2.36	−0.90	3.82
学校	专业与产业契合度	2.27	1.77	0.50	4.04
	政策环境	3.98	1.24	2.73	5.22
	督导力度	1.25	7.23	−5.99	8.48
企业	生产经营条件	2.60	1.91	0.68	4.51
	发展规模	2.38	1.70	0.69	4.08
	核心技术保密	2.35	0.78	1.57	3.13
	接收教师实践成本	1.95	2.05	−0.10	4.00

（二）分析结果

1. 影响度

若将中职教师定期企业实践视为一个系统，由表4-6可见，各阻力因素对中职教师定期企业实践系统其他阻力因素的影响程度不一。教师维度的企业实践经费的影响度最大（2.58），专业与企业契合度（2.36）、企业实践认识（2.31）的影响度较小，教师企业实践组织（1.46）的影响度最小；学校维度的政策环境（3.98）的影响度最大，专业与产业契度（2.27）的影响度次之，督导力度（1.25）的影响度最小；企业维度的生产经营条件（2.60）的影响度最大，发展规模（2.38）次之，再次为核心技术保密（2.35），接收教师实践成本（1.95）的影响度较小。对影响度较大的阻力因素，应作为推进教师企业实践制度的工作重点。

2. 被影响度

被影响度表达了某阻力因素被其他因素的影响程度。由表4-6可见，各阻力因素被其他阻力因素的影响程度也存在着较大的差异。教师维度中，教师企业实践组织（2.36）的被影响度最大，企业实践经费（2.29）次之，再次为企业实践认识（2.16），专业与企业契合度（1.99）的被影响度最小；学校维度中，督导力度（7.23）的被影响度最大，专业与产业契合度（1.77）次之，政策环境（1.24）的被影响度最小；企业维度中，接收教师实践成本（2.05）的被影响度最大，企业生产经营条件（1.91）的被影响度次之，再次为发展规模（1.70），核心技术保密（0.78）的被影响度较小。化解教师企业实践的阻力因素应透过现象看本质，深入探究相关阻力因素对教师企业实践形成阻力的深层次原因。

3. 原因度

基于原因度分析方法及表 4-6 可推断，教师维度中的企业实践认识（0.15）、专业与企业契合度（0.37）、企业实践经费（0.29），学校维度的专业与产业契合度（0.50）、政策环境（2.73），企业维度的生产经营条件（0.68）、发展规模（0.69）、核心技术保密（1.57）等 8 项阻力因素均为原因因素。其中，教师维度中的专业与企业契合度原因度较大，企业实践经费次之，企业实践认识相对较小；学校维度中的政策环境原因度较大，专业与产业契合度次之；企业维度的核心技术保密原因度较大，企业发展规模次之，生产经营条件较小。据此，相关主体应着力解决制约教师企业实践的原因因素，以此带动结果因素的化解。

4. 中心度

由表 4-6 可见，教师维度中的企业实践经费（4.88）中心度最大，企业实践认识（4.47）次之，再次为专业与企业的契合度（4.36），教师企业实践组织（3.82）的中心度相对较小；学校维度中的督导力度（8.48）最大，政策环境（5.22）的中心度次之，专业与产业契合度（4.04）相对较小；企业维度中的生产经营条件（4.51）的中心度最大，接收教师实践成本（4.00）次之，再次是企业的发展规模（4.08），企业核心技术保密（3.13）的中心度相对较小。以此推断，提升中职教师定期企业实践效果的关键在于合理化解中心度较大的阻力因素，应将其作为落实中职教师定期到企业实践的重点工作。

四、结论

（一）制度保障亟待完善

本研究结果表明，在影响中职教师定期企业实践的 11 项阻力因素中，政策环境的影响度最大，达到 3.98；其原因度和中心度也为最高，分别达到 2.73 和

5.22。由此可见，政策环境在中职教师定期企业实践中发挥着举足轻重的作用，且不易被其他阻力因素影响。据此，各级政府教育行政部门应引导中职学校进一步完善相关政策，不断优化中职教师定期企业实践的外部环境。

从政策制定主体看，目前有关职业院校教师定期企业实践制度多为国务院、教育部颁布。在政策落实过程中，地方政府教育行政部门虽能够严格按照相关制度执行，但相关经费、财政支出仍需经过各地方财政、税收部门，非直属管辖部门文件（教育部）对各地方财政、税收部门并不具备强制力，因此，制度制定主体较为单一。特别是部分地方政府或相关部门在落实中央有关规定方面存在“堰塞湖”现象，需要国家教育行政部门加强督导检查。对那些对中央政策置若罔闻，不落实、不照办的政府或教育主管部门官员，该撤职的撤职，该查办的查办，以儆效尤，坚决维护党中央和国务院的权威性。

从政策文件内容看，现有国家及教育部相关政策多使用“鼓励”“倡导”等词汇。如教育部等七部门制定的《职业院校教师企业实践规定》，提出“企业依法应当接纳职业学校教师进行实践”。“应当接纳”这种不具备效力的词汇，使得众多企业认为接纳中职教师企业实践不属于分内之事，不必强制执行。在其他配套的相关制度中，也很少有对拒绝接收教师企业实践的企业相关处罚措施；对积极建立校企合作、接收教师企业实践的企业进行的免税、减税、奖励政策等缺乏严格监控，部分地方税务部门落实不够。同时，由于税务部门监管不尽到位，部分不法企业也钻了制度的空子，出现制造假接纳实习中职教师名单逃税、漏税的现象。在没有法律法规强制规定的情况下，企业自身的“逐利性”表现得淋漓尽致，企业难以提高接收中职教师实践的积极性。

从政策制度保障上，相关政策制度对于中职教师企业实践内容、频率等都没有作出详述规定，鼓励教师定期企业实践的评级、晋升、福利、补贴等激励政策缺乏严谨性，随意性较大。部分中职学校行政化严重，管理人员比例过大，担心一线教师到企业实践课程没有办法安排，学校领导对中职教师企业实践的积极性不高、兴趣不大。因此，加强中职学校管理人员与一线教师比例的监管，保障一线教师能够有时间到企业实践，进而建立健全中职教师企业实践制度保障机制迫在眉睫。

（二）督导机制亟待加强

本研究结果表明，教师企业实践督导力度中心度达到 8.48，被影响度达到 7.23，原因度达到－ 5.99，均达到极大（或极低）水平。由此可见，督导力度是中职教师定期企业实践的重要阻力因素。

访谈得知，部分中职学校和企业对参与企业实践的中职教师缺乏必要的监督管理，使企业实践工作流于形式，难以保障中职教师企业实践取得应有的效果。目前，部分中职学校实施的教师企业实践效果评价多在中职教师企业实践活动结束后进行，考核形式以传统的简单卷面答题为主，难以获取有效信息，或直接由企业提供一份工作鉴定代替评价，学校与企业缺乏必要的沟通，尚未建立持久性的校企合作机制，导致中职教师企业实践评价尚未取得应有的效果。鉴于此，中职学校应不断完善中职教师定期企业实践评价体系，不断加强对教师企业实践的督导工作。

（三）校企合作亟待深化

本研究结果表明，教师任教专业与企业契合度、学校设置专业与产业契合度的阻力强度分别为 3.59、3.65。其中，教师专业与企业契合度的影响度、被影响度、原因度、中心度分别为 2.36、1.99、0.37、4.36，学校设置专业与产业契合度的影响度、被影响度、原因度、中心度分别为 2.27、1.77、0.50、4.04。可见，教师专业与企业契合度、学校设置专业与产业契合度是中职教师定期企业实践的重要阻力。化解这些阻力因素，需要持续深化校企合作，促进教育链、人才链与产业链、创新链的有机衔接。

从学校角度看，推进“双师型”的职业教育教师队伍建设，就必须加强与企业的交流与合作。当前，我国经济发展进入新常态，企业升级、产业转型步伐明显加快。中职教师作为中职教育的核心资源，必须与时俱进，及时掌握先进的职业技术，保障培养社会满意、企业需要的技术技能人才。中职学校与企业专业契合度较低，极易导致中职学校人才培养与企业脱轨，难以满足企业经营和生产的实际需要，必须想方设法及时解决。

从企业角度看，教师所学专业或任教专任与实践部门匹配性较差，企业为了维护自身利益，不愿为中职教师企业实践提供更多的资源。在缺乏成熟合作机制的基础上，企业着眼于眼前利益，认为接纳所学专业或任教专任与实践部门匹配性较差的教师企业难以得到回报。

（四）实践经费亟待增加

本研究结果表明，企业实践经费的中心度和影响度分别达到 4.88 和 2.58，均居 11 项阻力因素的第二位。同时，其被影响度和原因度也达到了 2.29、0.29，成为中职教师定期企业实践的重要阻力因素。实践证明，中职教师企业实践是提高教师实践能力和专业水平的有效途径。当前，我国国家层面制定了相关政策和具体措施，加强了中职学校教师定期企业实践的保障，但是实际效果仍然不尽如人意。特别是国家层面的培训覆盖面小、培训时间集中、内容针对性不强；中职学校由于经费不足、人员紧张和政策操作性不强等原因，难以保障教师去企业实践；教师因缺乏有效的激励机制，去企业实践的动力不强；企业因生产和追逐利润的需要，也不欢迎中职教师到企业实践。因此，统筹解决中职教师企业实践经费问题，是推进中职教师企业实践制度落实的关键。地方政府以政策鼓励为手段推进企业积极接纳教师定期去企业实践，对企业接收教师企业实践所产生的合理支出给予税收优惠或按现行税收法律规定在计算应纳税所得额时扣除；相关教育部门认真核查接纳中职教师定期企业实践基地名单，对积极性高、工作成绩突出的企业单位给予表彰奖励。

（五）其他阻力尚待化解

本研究结果表明，除去上述教师企业实践经费、教师企业实践政策环境、教师企业实践督导力度、教师任教专业与企业契合度、学校设置专业与产业契合度 5 项阻力外，尚有教师企业实践认识、教师企业实践组织、企业生产经营条件、企业发展规模、企业核心技术保密、企业接受教师实践成本 6 项阻力因素需要统筹解决。实际上，各个阻力因素之间具有相互关联的逻辑关系，如教师企业实践经费增加后，就可以有效解决企业接收教师实践成本的问题等。在具体工作中，需要统筹发挥政府相关部门的力量，并动员行业企业等社会组织积极参与，充分调动广大中职教师企业实践的积极性，全面构建促进中职教师定期企业实践的动力机制，进而实现“以动力克服阻力”的目标，保障中职教师定期企业实践能够顺利进行，并取得实际效果，进而推动中职学校“双师型”教师队伍建设，兴办人民满意的中职教育。

第二节　中职教师企业实践的动力机制

近年来，我国经济发展进入“新常态”，产业结构不断优化升级，新兴产业不断兴起，各行各业逐渐从劳动密集型向技术密集型、知识密集型转化。经济形势的变迁要求职业教育成为技术技能人才的培养基地，要求教师定期去企业实践，不断增强理论知识水平，提升实践操作能力。有学者认为，教师企业实践对于解决我国就业问题、增强企业竞争力、提高社会生产水平甚至推动社会经济发展都有重要的意义①。推进中职教师定期企业实践这个活动的顺利开展，需要内部因素协调一致和外部环境条件保障，也需要观念、信念的支持以及政策、制度的导向，涉及多个利益主体，需要各方积极探索和配合。本研究结果表明，目前有 11 项影响中职教师定期企业实践的阻力因素，根据中职教师定期企业实践的内涵和特点，需要采取相应的动力机制化解中职教师定期企业实践面临的阻力因素。

一、政策制度保障机制

（一）完善现有政策法规

国家政策法规作为中职学校发展的行动指南，具备驱动力和约束力，中职教师企业实践需要统筹多方利益主体，需要国家政策法规的引导、支持、保障和监管②。根据目前中职教育的发展情况，要精准对接教师企业实践的困境，有目的性、针对性地完善相关政策法规，持续发挥政策在中职教师定期企业实践中的指导性作用。

从现实看，我国在顶层设计方面已经逐步建立起中职教师定期企业实践制度，2010 年 7 月，国务院制定的《国家中长期教育改革与发展规划纲要（2010—2020）》，明确规定，制定优惠政策，鼓励企业接收学生实习实训和教师实践。2016 年，教育部等七部门发布的《职业学校教师企业实践规定》，提出职业院校教师必须具备一定期限的生产实践经验，规定在职教师 5 年内要满足不少于 6 个月的实践活动，新任教师必须履行先实践后上岗的规定。企业实践可以以多种形式进行，包括企业考察观摩、接受企业组织的技能培训、在企业的生产等。各

① 刘晓 . 关于职业学校教师下企业实践的几点思考 [J]. 当代职业教育，2014（12）：1.

② 黄克孝 . 职业和技术教育课程概论 [M]. 上海：华东师范大学出版社，2001：8.

级各类企业应充分发挥教师实践中的主体作用，积极对接职业学校，接收企业实践教师。各级政府税收部门对企业因参与职业学校教师企业实践所产生的合理支出，可按税收法规在计算应纳所得税收时扣除。中职学校对于经批准参与企业实践的教师，应给予相应的福利保障。2017 年，国务院办公厅发布《关于深化产教融合的若干意见》，再次强调职业学校教师企业实践的重要性，提出完善职业学校实践假期制度，鼓励在职教师定期参与企业实践。可见，我国已经初步建立起中职教师定期企业实践的法律法规、政策制度体系。

然而，现有的职业学校教师企业实践政策仍较为宏观，仍需细化相关方面的规定。一是应明确中职教师企业实践的管理机构及管理职责，包括负责中职教师企业实践的组织机构和监管机构，明确各自的管理职责和管理方法。结合区域发展现状和职业教育的发展情况，帮助中职学校和相关企业进行双向沟通，指导双方本着共同发展的原则，建立长期的合作关系。同时，双方可针对各自实际职业教育资源对接及匹配情况，建立中职教师定期企业实践的指导机构，充分发挥政策的前瞻性和指导性作用。二是明确中职学校在教师企业实践中的规划作用。中职学校是教师定期企业实践的驱动者，发挥着传达政策和安排管理的作用。相关政策包括中职教师企业实践的具体时间、实践场地、实践内容及配套师资等，都需学校进行详细表述，并在学校制度中公示。特别是教师在企业实践中产生的费用承担主体、教师补助津贴、保障和激励措施都要详细规定；教师需完成的实践任务、考核方式、考核标准都要明确规定。三是明确中职教师定期参与企业实践的强制性。本研究结果表明，教师的企业实践认识对教师企业实践的中心度、影响度较高，原因度较低，说明中职教师的主观认识在一定程度上影响了中职教师定期企业实践的成效。换言之，教师积极参与企业实践会提高企业实践培训效果。提高中职教师的实践操作水平，促进教学质量有效提升，不仅是中职教育发展的需要，也是积极响应国家的政策的具体落实。因此，对于中职教育企业实践不仅仅停留在鼓励层面，还应建立相应的教师考核制度，明确中职教师需具备实践经历。四是完善教师聘任制度。借鉴澳大利亚的经验，将具有 3 ～ 5 年的企业实践经历作为聘任中职教师的必备条件①。唯有教师拥有实践经验，才能保障良好的

① 郑丽君. 澳大利亚职业教育教师企业实践的做法及对我国的启示[J]. 职教论坛，2014(19)：83-86.

师资基础质量，对于即将上任的中职教师，应实行“先实践再上岗”的培训政策[①]。对于任职中职教师，地方政府在教育主管部门配合下，定期对中职学校拥有编制教师进行评估和管理，根据职业学校反馈实际情况及时调整，严格落实《职业学校教师企业实践规定》提出的“职业学校专业课教师（含实习指导教师）要根据专业特点每5年必须累计不少于6个月到企业或生产服务一线实践”的要求，将其作为绩效考核标准。

（二）完善现有制度保障

政府不仅应积极调动各方力量支持中职教师定期企业实践，也要制定相应的保障制度。一是建立经费保障制度。本研究结果表明，企业实践经费的影响度为2.58，为中职教师定期企业实践的较大阻力因素。因此，国家应建立与《职业学校教师企业实践规定》相配套的法律规制，提高中职教师企业实践的经费支出。中职教师企业实践的经费来源，应以政府财政拨款为主，还包括企业经费支援、社会团体的捐赠等。拨款方式以参与企业实践教师数量为依据。《职业院校教师素质提升计划（2017—2020）》提出，实行政府购买服务制度，将资助款项落实至实践基地，推进中职教师定期企业实践实现常态化和制度化。二是建立监管保障制度。政府应协同教育主管部门建立相应的监管制度，保障中职教师企业实践经费的使用效率和效益，防止出现教师通过走后门或其他途径免于企业实践，或中职学校教师企业实践走形式等现象，从制度上保证中职教师定期企业实践行动的顺利开展。严格各项工作流程的监管，并制定相应的处罚措施。

（三）建立企业遴选制度

本研究结果表明，企业生产经营条件、发展规模等是影响中职教师企业实践的重要阻力因素，其影响度相对较高。因此，要制定相应的企业遴选制度，将实践企业的生产经营条件、发展规模等作为标准进行选拔，供中职教师企业实践选择。对中职教师定期实践企业进行选拔时，应考虑当地有代表性、技术水平高、职工培训基础较好、重视和支持职业教育发展的骨干企业[②]。显然，企业生产经营规模不能过小，条件不能过差，必须具备基础设备资源。当然，中职教师定期实践的企业规模不能过小，并不意味着要求企业一定具有特大的规模，关键是技

① 佛朝晖．职业学校教师企业实践的国际经验与启示 [J]. 教育与职业，2017（10）：42-46.

② 刘德力．浅谈中职教师企业实践的组织策略 [J]. 职业，2018（24）：58-59.

术能力和设施设备能够满足中职教师的专业发展要求。

本研究结果表明，企业核心保密技术的原因度较高，因而中职教师企业实践时，应依据相关法律规定，与实践企业签订核心保密责任书，规范双方的责任与义务，以此解除企业的后顾之忧。

二、实践效果评价机制

（一）建立教师企业实践评价体系

建立健全效果评价机制是对中职教师定期企业实践进行监督、指导的有效途径和基本手段。根据中职教师定期企业实践的各个阶段，可分为诊断性评价、过程性评价、终结性评价三种类型。诊断性评价多在教师企业实践前实施，目的在于获得教师专业水平发展现状，确定企业实践学习任务；过程性评价一般在中职教师企业实践过程中实施，以便及时发现问题，解决问题，确保实践效果；终结性评价主要在中职教师企业实践活动结束后进行，评价结果反映中职教师的企业实践效果，并作为绩效考核的目标之一。

（二）建立教师企业实践方法体系

建立健全中职教师定期企业实践的方法体系是保障效果和检验效果的有效路径。政府部门承担着财政支持、过程监管、结果审核的责任，为保障中职教师的企业实践效果，应组织相关专家，制定中职教师企业实践标准，或借鉴实行政府购买服务制度，建立全国统一的中职学校专业教师能力标准。检验、评定中职教师企业实践效果需构建具体评价指标，并实施量化准则，使之科学化、标准化。值得注意的是，中职教师定期参与企业实践虽在时间上较为短暂，但对教育教学发挥着持久影响，因此，可将诊断性评价、过程性评价和终结性评价安排在一学年内进行。

（三）建立多方联动的评价主体体系

依据本研究结果，建议将考评重点聚焦于教师任教专业与技术技能知识的增加方面。在评价主体方面，应包括政府、学校与企业三个层面，可以是教师自评、师父评价、小组评价、学校职能部门评价、企业评价、教师同行评价以及社会评价等多方评价[①]。也可以是学校和企业之间相互评价，通过相互考评，实现加深交流、弥补不足的目的，以便下一步合作更加顺利，更富有成效。

诊断性评价可由中职学校完成，评价内容以中职教师教学专业知识、专业技能为主，评估中职教师的专业素养。过程性评价和终结性评价可由学校和企业共同完成，企业应按照相关管理制度约束教师行为，做好教师的出勤和任务完成情况的评定工作，并将评定结果及时反馈给中职学校管理层或人事管理部门。校企双方可根据评价结果调节中职教师的企业实践活动，或对正在实践的中职教师进行奖惩。

企业和学校在实行终结性评价时应保持一定的时间间隔，企业可在教师结束实践活动后进行评价，评价内容主要以实践内容为主，测量教师对企业实践内容的掌握情况；学校终结性评价也在教师企业实践后进行，但需要再过一定阶段后实施，具体内容由学校拟定考核细则，通过学生评价和教师评价形式进行，并对最终对评价结果实施量化处理。实践证明，建立多方联动的评价制度，有利于对教师企业实践效果作出公正、客观的判断，推动中职教师不断提高教学能力，也有助于中职学校下一次安排教师到企业实践。

三、校企合作深化机制

（一）制定实践计划实现校企对接

中职学校应在解读国家政策的基础上，结合本地实际，制订符合本校发展的中职教师企业实践计划。对于实践性较强专业绝不可停留于企业参观等实践方式，必须筛选部分责任心强、专业发展潜力大的中职教师，沉下心去，实施顶岗实践，或接受“影子”培训。中职学校可根据各专业教师的实际情况，制订教师企业实践的长期计划和短期计划。长期计划可将教师企业实践工作与学校宏观发展相结合，展望教师企业实践对学校建立“双师型”教师队伍、教学改革等发展战略中的作用。短期计划要以长期计划为指导，详细做好具体事宜的各项规划，包括教师企业实践的时间、地点、费用、管理方法、内容等，不仅要对前期工作安排进

① 黄锦棠，何进军．高职教师企业实践考评的探索 [J]. 教育与职业，2012（20）： 65-67.

行详细说明，而且要对教师企业实践过程管理及考评作出更加严格的规定[①]。

中职学校和企业应根据中职教育的人才培养方案及企业员工的职业要求、发展前景制订政治教师企业实践计划，在双向沟通、良好协商的基础上，实现共同发展。要特别关注新任教师的专业发展，制订符合新教师专业水平发展的企业实践计划，并全力推动规划的实施。企业在考虑自身的发展制订接受中职教师企业实践的计划时，需要考虑的因素包括教师实践内容、教师实践场地、教师实践形式、教师实践期间的管理费用、教师实践的人员安排等具体事宜。唯有计划详细，才能保障中职教师企业实践获得良好的效果。

（二）政、校、企协调对接实践的专业

教师专业与企业相契合，要求中职学校在校企合作中必须促进专业与产业的对接，以此促进人才培养与人力资源需求的“供需平衡”。基于此，必须提高中职学校课程与职业标准的匹配度，进一步推动校企合作进程。中职教师定期企业实践作为校企合作的表现方式之一，发挥着沟通中职学校专业课程和企业技术人才标准的作用，在实践中明确企业人才选拔需求，以便及时发现不足。

政府在中职教师定期企业实践活动中发挥着指导性作用。本研究结果表明，企业维度核心技术保密对教师企业实践的影响度为2.35，达到了较高水平。政府可引导企业对教师开放核心度较低的技术，促使教师掌握一线技术、更新教学理论。同时引导教师尊重企业意愿，增强技术保密意识，保障企业的合法权益。中职学校可根据教师企业实践反馈信息及时改革教学方法和教学内容，提高教育教学质量。唯有此，才能协调企业与中职学校之间的矛盾，保障校企合作持续、有效开展。

（三）校企共同追求效益化的合作效果

构建效益化的合作共同体，就是要保障中职学校和企业共同发展。中职教师定期参与企业实践的根本目的在于不断提升专业素质水平和教学能力，在与企业技术人员交流互动的过程中，完成理论更新和技术更新。中职教师可与企业技术人员形成学习共同体，建立长久联系，一个方面将中职学校专业理论或管理知识传递给企业技术人员；另一方面，教师在技术人员的指导下不断提高技术操作水

① 张彤. 中等职业学校教师实践能力问题研究——以吉林市为例 [D]. 长春：东北师范大学，2015.

平。企业技术人员将在生产实践中遇到的问题反馈给中职教师，以便中职教师查漏补缺，及时发现教学问题。在此过程中，企业产生技术效益，中职学校实现教学内容革新。

（四）建立紧密型的校企合作长期关系

基于盈利的终极目标，企业在接收中职教师实践的积极性取决于其自身所获得的实际利益。当前，企业在校企合作中最有效的行为在于聘用中职毕业生为企业职员，而在师资培养和技术研发方面，与中职学校尚未达成有效合作方式。从技术保密和工作效果上考量，企业并不愿意让中职教师接触核心技术或商业销售机密等。中职教师到企业实践，企业需要付出相应的人力、财力、物力。多数教师以考察观摩和技能培训为主，既不能给企业带来直接利润，又不能给企业提供技术研发支持，还要占用企业资源，甚至还会在某种程度上干扰企业的正常运行和相关技术技能人才的正常工作。因此，为了自身的利益考虑，许多企业不愿意接收中职教师实践。

作为中职教师实践基地，企业若不积极配合，中职教师企业实践工作也难以取得实质性成效。企业积极性在一定程度上决定了中职学校和中职教师对企业实践的态度。因此，推动校企合作持续开展，关键是调动企业积极性，力争使校企双方建立起紧密型的合作关系。企业应树立人才意识，一方面中职教师具有系统专业的理论知识，在企业学习实践的过程中，可以利用其丰富的理论知识培训企业员工，提高企业员工的整体素养；中职教师参与到企业管理，能够高屋建瓴地为企业管理人员提供专业建议，交流经验和管理理念；中职教师可以利用学校较强的技术研发力量，协助企业进行产品开发和技术改革，帮助企业技术攻关、提高产品研发。另一方面，中职教师作为重要的人力资本，其教学能力是中职学生就业能力的保障，对企业招收高质量技术技能人才具有决定性作用。因此，企业应积极接受中职教师来企业实践，构建深层次、紧密的校企合作关系，为建设高水平中职师资队伍贡献力量。

四、教师实践激励机制

（一）引导教师提升企业实践认识

传统教师角色认知使中职教师忽视了企业实践的重要性。有学者研究提出，中职教师自身并未真正了解参与企业实践的重要意义，不愿参与企业实践[①]。有些教师对企业实践活动存在抵触心理，认为企业实践对自身能力的提升毫无意义。部分中职教师因自身专业原因，很难找到专业对口的企业实践。还有些教师承担非教学任务（如班主任工作、实验室和实训室管理工作等），工作繁忙，并没有足够的时间参加日常工作和教学以外的活动。教师由于受主观偏见和客观条件限制，使中职教师参与企业实践的积极性普遍偏低。

参与企业实践是提升教师实践能力、丰富教师理论素养、强化师资队伍建设的重要途径。教师实践能力与专业理论知识作为教师专业发展的基础，可有效突破传统教学观念，反映经济社会发展对中职教师素质的基本要求。师资是学校发展的核心力量，教师个体的自身能力将直接影响到学生的发展。有学者认为，教师通过企业实践，可以有效地更新或增强其职业技能，通过到企业的实践，使教师提升实践能力，熟悉职业岗位，及时了解、掌握企业的最新动态和最新技术。还有学者提出，中职教师普遍存在理论知识丰富、实践技能欠缺的现象，对专业教学中的案例没有切身的体会，对企业生产、经营的实际情况不了解。通过赴企业工作实践，参加真实的企业生产经营活动，中职教师可以了解企业发展的最新动态，开阔眼界，提升专业技能，进而完善知识体系。从短期的企业实践中，教师虽然不可能完全熟悉企业工作岗位技能，但可以在返校后的教学工作中，适时调整教学内容，丰富教学案例，注重实践教学与企业岗位需求紧密结合，从而提高教学的实用性和有效性。

（二）激发教师企业实践的内生动力

教师企业实践认识为教师的内生动力，需采取相应措施，使广大中职教师逐步认识到企业实践是增强教学能力和专业素养的有效途径。基于成就动机理论，应为中职教师明确具有挑战性的任务，教师通过努力实现目标，可有效地满足自身的精神追求和物质需求。高成就需求教师在企业实践过程中，表现出积极进取的态度和较强的自主意识，具有较高的学习效率，能将所学技术、知识同自身教学任务相结合，努力实现所期望的目标。积极性、主动性也是中职教师企业实践的内在动力，也是提高教师企业实践效果的良好保障。在企业实践过程中，要将

① 季敏．制约中职教师企业实践政策执行的企业因素 [J]. 职教论坛，2015（28）：22-25.

教师置于主体地位，保障教师的影响力和话语权，满足教师的权利需求。同时，要营造一种轻松、和谐的氛围，便于教师间的沟通与交流，满足教师的亲和需求。

据此，中职学校应适当为教师安排其教学任务，树立教学目标，激发教师的成就动机。针对教师任教专业和任教课程，从培养实践操作技能、适应新技术需要、熟悉企业生产环境、培养职业修养等方面出发，科学确定中职教师企业实践的内容①，进而达到目标激励的效果。此外，还应积极协调地方政府相关部门，妥善解决中职教师企业实践的家庭障碍因素，妥善解决子女入托、入学等问题。通过落实教师企业实践经费，提高教师企业实践待遇，避免因参与企业实践给教师家庭带来任何经济负担。

（三）强化教师企业实践的外部动力

专业与企业契合度、企业实践经费、教师企业实践组织为中职教师企业实践的外在动力，应建立健全相应机制体制，为中职教师企业实践提供制度保障和物质支持。结合本研究结果，政府相关部门、教育部制定的相关激励政策以及中职学校的考评制度是中职教师定期企业实践的主要外部动力来源。各级政府教育行政部门及中职学校应认真落实中共中央、国务院《关于全面深化新时代教师队伍建设改革的意见》、国务院《关于深化产教融合的若干意见》以及教育部等七部门联合制定的《职业学校教师企业实践规定》的相关内容，通过完善中职职称评审制度、年度考核制度等措施强化教师企业实践的外部动力，促进中职教师的专业发展。中职学校要不断总结教师企业实践取得的经验和典型案例，强化宣传工作，实现物质激励与精神激励的有机结合，提升中职教师企业实践的认知，引导更多的中职教师积极投身于企业实践。进一步细化中职学校教师企业实践流程，强化督导检查，督促中职教师全面落实企业规章制度，使中职教师在企业实践中取得促进专业发展的实际效果。

五、实践规划构建机制

（一）明确实践目的

尽管目前部分中职学校对教师参与企业实践的重要性有了深刻了解，但多数

①涂三广，楼平，尤源.企业主导的教师企业实践：归因、模式与改进——以中职机电专业新教师入职教育为例 [J]. 中国职业技术教育，2018（6）：90-96.

中职学校在教师企业实践方面的规划明显缺失，教师企业实践目的不够明确，甚至处于盲目状态。鉴于此，中职学校应从教师企业实践目标、实践原则、实践模式和实践管理 4 个方面总体规划教师企业实践。其中，实践目标是确定其他要素的内容之首。在确定教师定期企业实践规划时，中职学校应充分了解企业的生产经营情况，熟悉生产流程，把握行业技术发展走向，研究企业需要何种专业人才，提出符合实际的中职教师企业实践目标任务，明确企业实践的目的，进而提升中职教师教育教学水平，促进专业发展；中职学校应积极主动地与相关企业进行深度合作，动员学校教师利用自身理论优势和技术优势承担起企业技术攻关的任务，为深化校企合作奠定坚实的基础。

（二）恪守实践原则

坚持专业对接产业原则，确保中职教师企业实践的内容与教师的专业发展内容和学校教育教学内容相衔接。中职教师定期企业实践的目的在于提升教育教学水平，更准确地说是提升实践操作能力。唯有确保中职教师所从事的专业要和实践岗位相对应，才能保证教师在企业实践中获得的经验能够在教育教学中得到有效应用；要坚持企业技术先进性原则，深入了解企业技术水平和经营运行的内容，了解生产技术走向，把握行业发展动向，为提升人才培养质量和服务地方社会经济发展提供有力支持。

（三）优化模式设计

一是在中职教师企业实践过程中，应大力推行顶岗作业实践模式。企业要根据教师的专业方向来分派具体的工作任务，教师通过完成分派的任务进行实践锻炼，在真实的操作岗位上提升专业技能。顶岗时间不宜太长，教师熟悉岗位工作内容之后，就可以向技术含量更高的方向发展。二是可以应用兼职模式，动员中职教师利用业余时间在企业兼职，灵活教师企业实践的时间，让教师能够有更多的机会在企业兼职。中职教师通过兼职能不断地了解企业动向，把握行业发展趋势，提高自身的理论知识和专业素养，促进专业发展。三是积极运用学生实习指导模式。中职教师可以利用指导学生企业实习的时间参与企业实践活动，既可以管理在企业中学习的中职学生，又能够促进教师自身的专业发展，实现“两不误、双丰收”。

（四）加强实践管理

切实可行的监管策略能有效保障中职教师的企业实践质量。政府教育行政部门和中职学校，可以针对教师企业实践的不同阶段制订相应的监管方案。在准备阶段，中职学校应帮助教师提升对企业实践的认知程度，帮助教师制订企业实践具体方案；在实施阶段，中职学校应及时监管教师实践的实施情况，帮助教师及时解决企业实践中遇到的生活困难，使其能够安心实施企业实践。在评价阶段，中职学校应该依据企业实践目标对教师实践结果进行考核，教师应及时提交实践结果报告，供相关部门进行评价。评价具有导向作用，评价的目的是有效推动教师企业实践制度的开展，而不是作为惩罚的手段。要及时总结中职教师企业实践的优秀成果，通过树立典型的方法，引导更多的中职教师定期参与企业实践活动。

第五章
高职物流管理专业教师企业实践现状及对策

在我国职业教育体系中，高职院校是实施高等职业教育的主体。2019 年 1 月国务院颁布的《国家职业教育改革实施方案》强调，把发展高等职业教育作为优化高等教育结构和培养大国工匠、能工巧匠的重要方式，使城乡新增劳动力更多接受高等教育，提出“启动实施中国特色高水平高等职业学校和专业建设计划，建设一批引领改革、支撑发展、中国特色、世界水平的高等职业学校和骨干专业（群）”。要想实现这一目标，加强高职院校的师资队伍建设是关键，必须有序推进高职院校教师企业实践制度，下大力气培养一支高素质“双师型”高职教师队伍。本章选取了秦皇岛以及周边的 5 所职业院校物流管理专业的教师进行调查，并对职业院校教师和管理人员进行了较为深入的访谈，充分了解了物流管理专业教师企业实践的现状，明确了存在的问题，并提出了相关对策。

第一节　物流管理专业教师企业实践现状

本研究主要采用了问卷调查和访谈两种调查方式，通过查阅近 10 年来关于物流管理专业教师企业实践的相关研究，结合实际对文献中涉及的影响教师企业实践的问题与原因进行归类与整理，并将归类的问题与原因指标化，建立“指标池”，然后依据参与主体的不同，将教师企业实践中存在的问题与原因主要归为四类：政府部门、相关物流企业、高职院校、教师个体。然后制成调查表，采用德尔菲法反复征求 10 名职业教育学研究专家的意见，最终形成此调查问卷。制定好调查问卷后，先选取了 20 位物流管理专业教师进行预调查，依据调查问卷结果对问卷内容及结果进行了效度和信度检验，信度检验按 Nunnaly 内部一致性法进行，求得 α 值为 0.891，说明此调查问卷信度较高，效度检验按 KMO 和 Bartlett 球形检验法进行，得出 KMO 值为 0.853，表明问卷各问项之间差异达到显著水平（$p<0.01$），证明问卷内容可信，由此确定该问卷可以用作本次研究的调查。

共发放 100 份调查问卷，回收 94 份，问卷有效率 94%，访谈的提纲主要涉及教师企业实践政府方面存在问题的原因、企业方面存在问题的原因、企业实践期间学校的管理状况、教师企业实践的激励保障措施和实践结束后的成果考核等方面。

一、调查对象基本情况

（一）教师结构

1. 性别、年龄

表 5-1 显示，物流管理专业的教师中青年教师所占比例较高，从具体数据分析来看，年龄在 31 岁到 40 岁之间的教师人数最多，有 52 人，而这其中女教师居多，有 32 人。由此可见，青年教师已经成为高职院校物流管理专业教师中的骨干力量，但是这个年龄段的教师往往孩子尚小，家务拖累比较大，尤其是女教师。因此很

多教师很难找出整段的时间（数日、数周，乃至数月）去参与企业实践，难以保障企业实践的效果。

表5-1　性别与年龄

性别	年龄			合计
	20 ～ 30	31 ～ 40	41 ～ 50	
男	8	20	16	44
女	6	32	12	50
合计	14	52	28	94

2. 职称结构

表 5-2 显示，在所调查的 10 所高职院校的 94 名物流管理专业教师中，职称为讲师的被调查教师有 62 人，占到了被调查总人数的 66%；副教授职称的教师有 22 人，仅占总调查人数的 23.4%；助教有 8 人，占 8.5%；教授职称的教师只有 2 人，仅占总调查人数的 2.1%。可见，高职院校物流管理专业教师总体职称相对比较低，这与表 5-1 提示年轻教师所占比例高的调查结果相一致。

表5-2　教师的职称结构分析

职称	频次	百分比（%）
助教	8	8.5
讲师	62	66.0
副教授	22	23.4
教授	2	2.1
合计	94	100.0

（二）教师来源分析

1. 教师专业来源

表 5-3 显示，在被调查的 94 名教师当中只有 6 名教师是物流管理专业毕业的，另外有 8 名教师是毕业于物流工程专业，还有 2 名教师毕业于采购与供应链管理专业。综合分析，被调查的高职院校物流管理专业教师，毕业于物流及其相近专业的教师仅占约 17%，也有从相近的专业毕业的，比如国际贸易、管理科学与工程、工商管理、电子商务、会计、销售管理等，但还有部分教师所学专业与物流管理专业无关。

可见，目前在地方高职院校，很多物流管理专业教师是由攻读其他专业人员入职转岗而来，这部分教师缺少物流管理专业教育背景，更没有物流企业实践经历，通常是边学边教。

表5-3 本科专业背景

专业	频次	百分比（%）
物流管理	6	6.4
物流工程	8	8.5
采购与供应链管理	2	2.1
工商管理	14	14.9
管理科学与工程	8	8.5
电子商务	4	4.3
国际贸易	6	6.5
信息管理	4	4.3
销售管理	6	6.4
会计	6	6.4
经济学	6	6.4
数学与应用数学	2	2.1
法律	2	2.1
教育管理	6	6.4
情报学	2	2.1
水利工程	2	2.1
教育学	4	4.3
机械	2	2.1
材料物流	2	2.1
商务英语	2	2.1
合计	94	100.0

2. 教师企业工作经历和受训情况

教师在物流行业的工作经历和接受的培训以及职前和职后具有在相应行业的实践经验是衡量职业院校教师“双师型”教师的重要指标，也是职业教育对教师的基本要求。

表5-4显示，94名教师中只有22名曾经参加过物流管理专业的专业技能培训，曾经从事过物流管理相关工作的教师也只有12名，既参加过技能培训又有过相关工作经历的教师只有8名。

表5-4　物流管理专业教师企业工作经历和受训状况

内容	从事相关工作		未从事过相关工作		合计	
	频次	百分比（%）	频次	百分比（%）	频次	百分比（%）
接受过技能培训	8	8.5	14	14.9	22	23.4
没接受过技能培训	4	4.3	68	72.3	72	76.6
合计	12	12.8	82	87.2	94	100

二、物流管理专业教师企业实践现状

（一）教师实践制度落实状况

通过调查问卷，我们调查了高职院校教师对物流管理专业教师企业实践制度在实际运行阶段的落实状况。表5-5显示，对于企业实践政策政府部门方面的落实状况，20.2%的教师认为政府部门政策落实到位，54.3%的教师认为政府部门相关政策落实一般，还有需要完善的地方，25.5%的教师认为政府层面政策落实流于形式，对教师企业实践的重视程度远远不够。由表可知，多数教师对于政府相关部门对政策的落实和跟踪监督状况认可度并不高，政府层面依然需要不断完善。

物流企业方面有关于物流管理专业的教师企业实践落实状况显示，只有12.8%的教师认为物流企业方面政策落实到位，44.7%的教师认为物流企业方面对教师企业实践政策落实度一般，42.5%的教师认为物流企业在政策落实方面流于形式。根据调查结果可以看出，多数高职院校物流管理专业教师认为物流企业方面政策落实欠佳。

关于高职院校本身对于教师企业实践制度的落实状况调查，29.8% 的教师认为落实到位，47.9% 的教师认为院校落实度一般，另有 22.3% 的教师认为制度落实流于形式，高职院校层面政策落实度方面要稍微好一些，但这也远不够满足高职院校的实践教学需求。

表5-5　教师企业实践制度落实状况

主体	选项	频次	百分比（%）
政府部门层面	落实到位	19	20.2
	落实一般	51	54.3
	流于形式	24	25.5
物流企业层面	落实到位	12	12.8
	落实一般	42	44.7
	流于形式	40	42.5
高职院校层面	落实到位	28	29.8
	落实一般	45	47.9
	流于形式	21	22.3

（二）教师企业实践企业执行状况

表 5-6 显示，入职以后，高职院校物流管理专业 17.0% 的教师自觉很难找到合适的物流企业作为企业实践基地，54.2% 的教师较难找到合适的物流企业作为企业实践基地，23.4% 的教师比较容易找到合适的物流企业作为企业实践基地，只有 6.4% 的教师很容易就能找到合适的物流企业作为企业实践基地。由此调查结果可知，多数教师入职以后难以找到合适的物流企业参与实践，获取企业实践的机会较少。

对于教师在企业实践期间是否有师父给予指导的调查状况显示，只有 6.4% 的教师在企业实践过程中曾经得到过物流相关岗位师父的临场具体指导，34% 的教师在企业实践期间虽安排了师父，但是师父几乎不给予指导，42.6% 的教师依靠向企业员工咨询学习相关技能完成企业实践，还有 17% 的教师没有得到过师父的指导。可见，教师在企业实践的过程中很少能得到企业师父的认真指导。

关于教师在物流企业实践期间企业是否会设置相应的实践岗位的调查显示，25.5% 的教师实践过的物流企业设有少量教师企业实践岗位供教师培训，27.7% 的教师实践过的物流企业只是有时会为教师企业实践设置一些岗位，另外还有 46.8% 的教师对于物流企业是否会为物流管理专业教师企业实践安排实践岗位表示从未有过或者不清楚。由调查结果可知物流企业很少会为企业实践的教师专门设置岗位，而企业岗位的设置与否将直接影响教师企业实践效果的好坏，学校和企业都应该予以重视。

表5-6　企业执行状况调查问卷分析

主体	选项	频次	百分比（%）
机会获取难易程度	难	16	17.0
	较难	51	54.2
	较容易	22	23.4
	容易	6	6.4
指导师父安排状况	没有师父指导	16	17.0
	没有师父，员工指导	40	42.6
	有师父，几乎不指导	32	34.0
	师父认真指导	6	6.4
实践岗位设置情况	设有少量实践岗位	24	25.5
	偶尔设有岗位	26	27.7
	从未设过实践岗位	20	21.3
	不清楚	24	25.5

鉴于教师们对同一问题的不同选择，我们向教师们了解了一下情况，比较有代表性的回答是：

由于我们所参与实践的物流企业规模较小，工作人员数量也较少，物流企业内部岗位数量也有限，所以我们能够定岗实践的机会很少，实践学习的内容也很有限，企业会对教师开放的几个岗位基本上就是固定的几个不是很要紧的岗。

通过老师的谈话我们了解到，物流企业的规模对教师企业实践具有较大的局限性。

（三）教师企业实践院校执行状况

表 5-7 是关于高职院校是否统一安排物流管理专业教师企业实践并制订实践计划，以及统一安排实践的院校是否具有具体的实践方案的调查结果。调查显示，76.6% 的教师所在学校统一安排教师企业实践，学校统一安排但没有实践计划占 14.9%，此外还有 8.5% 的教师企业实践需要自行解决。

表5-7　实践安排及实践方案

内容	选项	频次	百分比（%）
实践安排	学校统一安排并制订实践计划	72	76.6
	学校统一安排但无实践计划	14	14.9
	教师根据自身情况自行安排	8	8.5
实践方案	有具体的实践方案	33	35.1
	没有实践方案	61	64.9

由此表可知，大多数职业院校教师企业实践是由学校统一安排的，但是统一安排教师企业实践的院校多数没有物流管理专业针对性的实践方案。有 33 名教师在企业实践期间有具体的实践方案，占总数的 35.1%，有 61 名教师在企业实践期间没有任何实践方案，占总人数的 64.9%。

表 5-8 显示，高职院校物流管理专业教师企业实践的合作企业多为运输仓储企业和第三方物流企业，而到第三方物流企业实践的教师人数占到总人数的比例为 51.1%，到运输仓储企业参加企业实践的教师人数占总人数的 21.3%，到快递物流企业参加企业实践的教师人数占了 12.8%，到零售企业与生产制造业物流参加企业实践的教师人数都只占总人数的 2.1%。可见，物流管理专业教师企业实践的领域多局限于第三方物流企业，这反映了当前部分高职院校物流管理专业教师企业实践合作企业不丰富，实践内容缺乏多样性，难以做到根据物流管理专业的不同课程选择实践内容。

教师企业实践岗位类别调查显示，教师在物流企业实践的主要岗位群分别是仓储管理岗位群和物流信息处理岗位群，分别占了被调查总人数的36.2%和27.7%，参加过物流营销与客户服务管理岗位群和运输管理岗位群的教师人数占总人数的10.6%。可见，教师企业实践内容有较大随意性，实践中存在聚集于某一岗位群的现象，同样表明企业实践内容较为单一，没有按照不同的专业课需求选择切合教师特点的实践内容。

表5-8　院校合作物流企业类型与主要实践岗位类别

内容	选项	频次	百分比（%）
实践安排	零售企业	2	2.1
	生产制造企业	2	2.1
	运输仓储	20	21.3
	快递	12	12.8
	第三方物流	48	51.1
	其他	10	10.6
实践方案	运输管理岗位群	10	10.6
	仓储管理岗位群	34	36.2
	配送管理岗位群	8	8.5
	物流信息处理岗位群	26	27.7
	物流营销与客户服务管理岗位群	10	10.6
	其他	6	6.4

表5-9是教师企业实际实践内容与计划的一致性以及是否能够完成实践计划内容的情况调查。调查显示，17%的教师能够按照实践计划完成全部实践内容，35.1%的教师能够按照实践计划完成大部分需要实践的内容，31.9%的教师只能完成小部分计划的实践内容，另外还有16.0%的教师实践期间没有按照实践计划完成需要实践的内容。由此可知，多数教师不能按照计划需要实践的内容进行实践。

对于是否能够完成实践计划内容的，调查显示，38.3% 的教师认为企业实践的内容与计划有较大偏差，不符合实践预期，42.6% 的教师在物流企业实践的内容与计划具有一定的契合度，只有 19.1% 的教师企业实践的内容与实践之前的计划内容一致，由此可知企业实践具体内容与计划实践内容存在一定的差异，实践质量存在一定的问题。

表5-9　实践内容与计划的一致性及完成情况

内容	选项	频次	百分比（%）
实践内容完成情况	能够按照计划严格完成	16	17.0
	大部分计划可以完成	33	35.1
	小部分计划可以完成	30	31.9
	未按照计划实践	15	16.0
实践内容与计划一致性	一致	18	19.1
	较为一致	40	42.6
	不符合预期	36	38.3

表 5-10 显示，关于教师企业实践期间的监督管理方式的调查，学校定期派人员到企业看望教师的有 34%，通过电话邮件了解实践情况的占 32%，另外还有部分教师所在的学校基本不予管理。由此可以看出职业院校对教师企业实践期间的监管不够完善。

表5-10　学校对物流专业教师企业实践监管方式

选项	频次	百分比（%）
学校定期看望实践教师	32	34.0
通过电话邮件了解实践情况	30	32.0
基本不予监管	32	34.0
合计	94	100.0

表 5-11 是关于教师企业实践阶段性结束以后，实践关于岗位实践内容的了解程度与岗位技术技能的了解程度。调查显示，只有 23.4% 的教师表示实践结束

后对相关岗位很了解，有 57.4% 的教师对与自己所教授的专业课程相关的物流工作岗位比较了解，还有 19.2% 教师对相关的岗位工作内容不了解。

对于技术规范的了解程度，表示对相关技术规范很了解的教师仅占 23.4%，对技术规范比较了解的教师占 68.1%，另外还有 8.5% 的表示不了解相关技术规范。

表5-11　实践成果

内容	选项	频次	百分比（%）
岗位工作内容	很了解	22	23.4
	比较了解	54	57.4
	不了解	18	19.2
岗位技术技能	很了解	22	23.4
	比较了解	64	68.1
	不了解	8	8.5

由此可以看出物流管理专业教师企业实践取得了一定的成效，但是并没有达到让教师足够了解和熟悉物流行业企业的程度。

表 5-12 是关于教师企业实践的时间安排情况和时间安排是否会与别的活动发生冲突的调查结果。结果显示，31.9% 的教师企业实践时间会安排在学期以内，48.9% 的教师企业实践时间安排在寒暑假期，占多数。12.8% 的教师企业实践时间安排在周末，另外有极少数教师企业实践时间由教师根据自身情况进行协调。对于与别的教学活动和培训活动是否发生冲突，50% 的教师表示会发生冲突，占调查总人数的一半，37.2% 的教师表示偶尔会发生冲突，只有 12.8% 的教师表示没有发生过冲突。由调查结果可知，多数教师企业实践时间安排在寒暑假期，并且一半左右的教师企业实践时间与其他教学活动或者培训活动会发生冲突。

表5-12　教师企业实践时间安排

内容	选项	频次	百分比（%）
时间安排	学期另安排时间	30	31.9
	寒暑假期	46	48.9

续表

内容	选项	频次	百分比（%）
时间安排	周末	12	12.8
	自行安排	4	4.3
是否冲突	经常发生冲突	47	50.0
	偶尔发生冲突	35	37.2
	没有冲突	12	12.8

（四）教师企业实践教师执行状况

表 5-13 是关于教师精力主要放在哪一方面、教师实践动机以及教师企业实践之后的反思状况的调查结果。调查显示，多数物流管理专业教师主要将精力放在物流学科教学方面，占到总调查人数的 63.8%，其次有 17% 的教师将精力放在物流课题研究方面，只有 10.7% 的教师将精力放在企业实践方面，这其中不乏专门负责学生企业实习的教师。可见，物流管理专业的教师尚未足够重视企业实践，依然以理论教学为主。

教师企业实践动机中，比例占据最高的是“完成学校任务”，有效百分比为 63.8%，然后是“满足职称评定条件”，有效百分比为 59.6%，占据第三位的才是“提高实践能力”，为 38.3%。可见，教师企业实践很大程度上是迫于学校的压力。

对于实践的反思状况，只有 21.3% 的教师实践课后经常进行反思，74.4% 的教师只是偶尔进行反思，还有 4.3% 的不进行教学反思。可见，很多物流管理专业的教师意识不到反思的重要性。

表5-13　主要精力分配、教师实践动机及实践反思

内容	选项	频次	百分比（%）
精力分配	物流专业理论教学	60	63.8
	物流专业课题研究	16	17.0
	物流企业实践	10	10.6
	学生管理	8	8.5

续表

内容	选项	频次	百分比（%）
实践动机	满足评职称条件	56	59.6
	从工作中解脱	14	14.9
	换一种工作环境	36	38.3
	增加收入	12	12.8
	提高实践能力	36	38.3
	掌握生产流程	40	42.6
	了解行业新动态	14	14.9
	完成学校任务	60	63.8
反思状况	经常反思	20	21.3
	偶尔反思	70	74.5
	不反思	4	4.3

第二节　物流管理专业教师企业实践问题及原因分析

根据问卷中所发现的问题，我们又进一步对个别教师进行了深度访谈，以便更加明确物流管理专业教师企业实践中所存在的问题，并对其原因进行了深入分析，旨在为制定相关策略提供科学依据。

一、物流管理专业教师企业实践存在的问题

（一）政府配套机制不完善

快速发展的物流行业对人才培养的质量提出了更高的要求，特别是对复合型物流人才的需求不断增长。为了紧跟时代要求，提高高职院校物流管理专业教师教学能力和院校物流人才培养质量，政府出台了有关高职教师企业实践的规定，这从制度层面上加快了教师企业实践制度的系统化、法律化进程。规定中包括了企业实践专项基金的设立、实践考核制度的完善、教师个体福利的保障、学校企

业双方的权益分配等，所有这些无疑对我国高职院校物流管理专业教师企业实践发挥了重要作用。

但在本次问卷调查中，我们依然发现一些问题。如表 5-5 所示，部分物流管理专业教师抱怨物流领域教师企业实践制度在企业、院校、政府相关部门等环节的某些具体落实过程还不完善，缺少相应配套制度支持，如专项基金的筹集方案不明确、物流企业参与教师企业实践过程的考核及相关奖惩办法还需细化、校企双方在教师企业实践中的权责还不够清晰等。此外，政府层面缺乏对高职院校物流管理专业教师企业实践制度在企业、院校及相关部门的落实情况的监管，在协调院校与物流企业，教师个人与物流企业等关系方面还未真正发挥有效作用。

（二）企业实践缺乏企业协助实践机会少

通过调查及分析表 5-6，我们发现，目前物流管理专业教师在企业实践过程中有两个问题比较突出：第一，教师企业实践机会少；第二，企业实践过程缺乏企业协助。

高职院校多数物流管理专业教师不仅入职前没有物流行业的工作和培训经历，入职以后，因当地物流企业有限，实践机会较少，致使部分教师很少能够参加物流企业实践工作，即使获得企业实践机会，实际实践时长及具体过程也难以得到保证。

大多数物流教师在企业实践过程中，物流企业极少会为他们安排专门的实践岗位，亦没有相应的专门部门来组织协调教师在物流企业实践过程中遇到的问题。教师进入物流企业以后往往只是看看、问问……，很少有在具体岗位上实际动手操作的机会，这在很大程度上挫伤了教师企业实践的积极性。另外教师在企业实践期间，物流企业往往抱有一种“完成任务”的思想，对教师企业实践过程往往疏于管理，放任自由，缺乏考核，有些物流企业接收物流管理专业教师来企实践后，甚至连操作流程、技术规范、安全生产等内容也没有专人介绍，使得进入物流企业的老师一头雾水，无从下手。

企业实践效果的保障需要教师脚踏实地地在企业实践中学习，尤其是现在物流行业正在朝着智能化发展，人工智能正在逐渐取代传统人工操作，这对物流管理专业人才培养提出了新的要求，对物流管理专业教师教学能力的要求也更上了一个台阶。这需要教师不断提升运用新技术的能力，若企业在教师企业实践中不予支持与积极配合，教师企业实践效果必将难以保障。

（三）实践工作安排不合理且实践目标不明确

（1）教学与实践工作安排不合理引发冲突调查结果如表5-12所示，大多数高职院校对物流管理专业教师企业实践时间缺乏统一安排，教师企业实践时间来源主要有两种途径：一种是安排在正常的教学时间，这是少数；另一种是安排在寒暑假和节假日，这是多数。

近年来随着物流行业规模的扩大，高职院校物流管理专业的招生量逐年增加，生师比越来越高，专业教师的教学任务相当繁重。除此之外，专业教师还有科研及指导学生竞赛等工作。教师仅有的极少课余时间无法用于参与物流企业实践，因为物流行业专业针对性较强，短时间难以习得必要的实践技能。加之，年龄在30～40岁之间的中青年教师占高职院校物流管理专业教师队伍人员的一半以上，他们的家庭负担大，工作之余还要照顾父母、孩子，等等。如此繁重的工作压力和生活压力对教师的身体和精神都带来了巨大的挑战，势必使得教师的工教（教学与企业实践）冲突加剧。若把教师企业实践安排在寒暑假期，也存在许多问题。首先寒暑假期属于教师的法定假日，其次教师也需要利用假期来为下一学期的课程做准备。

（2）教师企业实践目标不明确调查及表5-7、5-8分析发现，部分高校，物流管理专业不同的专业课教师企业实践的内容相似度较高，高职院校虽然为教师的实践制订了相关规划，但是并没有根据不同课程的教学需求来安排具有针对性的企业实践内容，即高职院校缺少对物流行业岗位群工作内容及技能要求的分析，没有搭建起基于物流管理专业教师研究方向及授课范围的教师企业实践体系，导致教师去物流企业实践的目标不明确，流于形式。目前我国物流行业正处在一个重要的转型阶段，新技术、新模式、新业态不断涌现，各个工作岗位的工作内容及技能要求都在不断变化中，这更需要教师企业实践有明确的切合教师自身的目标，进而保证企业实践过程的质量及最终效果。

（四）教师企业实践过程形式化

表5-9、5-10、5-11及相应调查发现，很多教师反映参加物流企业实践并不能使自己的综合教学能力及操作能力得到显著改善，甚至有些教师觉得整个企业实践过程基本就是走形式。根据接受调查的高职院校教师反映，虽然高职院校在

与物流企业商定教师企业实践时会和企业签署相关协议以保证教师企业实践工作顺利进行，但高职院校将教师派送进物流企业后，就将教师的管理完全委托给企业，期间很少再与物流企业进行交流，最多也就通过打电话和发送电子邮件了解教师的实践状况，而企业作为营利性组织，对教师企业实践过程缺乏参与热情，对整个企业实践过程过问及监管较少。这种缺少监管的环境导致教师企业实践随意性较大，严重形式化，实践过程质量无法保障。

（五）教师企业实践积极性不够高

不同的教师对企业实践有不同的看法，实践的目的也不相同，通过分析教师企业实践的现状调查结果发现，高职院校物流管理专业教师对企业实践的积极性普遍比较低，表 5-13 显示，对于物流企业实践，教师尚未意识到企业实践对于提升自身综合教学能力和专业教学水平的重要性，甚至部分物流管理专业教师之所以参与企业实践主要是为了完成高职院校布置的实践任务或者仅仅为了晋升职称，缺乏利用企业丰富的资源来锻炼自己和将自己的才华应用于企业的生产实践的意识。

二、物流管理专业教师企业实践问题的原因分析

（一）政府方面的原因分析

根据调查问卷显示，部分教师认为在高职院校物流管理专业教师企业实践制落实过程中，政府方面的配套制度不够完善，权责划分有待清晰。我们调查了近几年地方政府出台的一些关于教师企业实践的政策，发现政府在物流管理专业教师企业实践制度落实方面作为并不多。目前高职院校物流管理专业教师企业实践存在上述问题的原因，从政府层面主要可分为两个方面，首先是地方政府宏观协调力度不够，其次是地方政府针对企业实践制度落实保障措施乏力。

（1）地方政府宏观协调力度不够。物流管理专业教师企业实践是一个跨行业、跨领域的系统工程，政府层面不仅仅是教育部门的责任，更不只是高职院校自己的事情，企业实践制度的良好运行需要牵扯到财政、税务、工商、人事等多个行政机关以及学校、行业和企业、教师等多方主体。无论是 2006 年教育部颁布的《关于建立中等职业学校教师到企业实践的意见》（简称《意见》）还是 2016 年教育部等七部委颁布的《规定》，只是从宏观层面对职业院校教师企业实践的方式、

内容及基本要求做了规定，虽然也有一些省、市随之也出台了与之配套的管理办法，如《福建省职业院校教师企业实践管理办法（试行）》，也有不少职业院校制定了本校教师企业实践办法，但仔细分析发现，这些地方“管理办法”和学校“办法”基本还停留在对《规定》的翻录或套用上，更没有行业、企业跟进。由此反映出，地方政府还没有足够重视高职院校教师企业实践制度的具体落实过程及细节，更无从谈起协调物流企业、地方教育管理部门以及高职院校之间的关系。

地方政府协调力度不足主要的表现在两个方面：一是地方政府没有制定切实可行的办法来约束部门、不同主体之间的权益，导致各个部门、各个主体之间权益界限模糊，责任推诿。二是由于缺少政府部门的统筹协调，导致政策落实步调不一致。不同部门之间、不同主体之间对制度的理解程度、执行能力与力度无法同步，甚至个别部门、个别环节对教师企业实践制度的不重视，对教师企业实践制度的落实造成了阻碍。

（2）地方政府针对企业实践制度落实保障措施乏力。物流企业、高职院校、教师个体作为物流管理专业教师企业实践制度落实过程中的主体，其积极性的高低对企业实践制度能否落实并健康平稳运行也至关重要。调查中发现，地方政府层面现行规章制度主要停留在规范各方责任与义务方面，政府等部门没有率先做出实际的行动来保障和优化企业实践各方主体的权利和利益，也没有发挥政府的倡议作用，运用社会宣传、社会鼓励等措施来调动物流领域企业、高职院校及教师个体等主体的积极性。保障物流领域企业实践制度的有效实施，政府层面的工作任重而道远。

（二）院校方面的原因分析

带着前面调查发现的高职院校层面的相关问题，我们有幸对问卷调查提示存在以上问题的高职院校部分管理人员进行了访谈，同时也对部分物流教师进行了访谈。

通过对高职院校部分管理人员的访谈内容的分析，我们概括出物流教师企业实践高职院校层面问题的原因主要有：

（1）高职院校重理论教学轻实践操作。通过对部分物流管理专业教师的访谈与分析，我们发现，部分高职院校依然存在重视理论教学轻视实践操作的现象，院校对教师企业实践重视度不够也是高职院校教学与实践工作安排不合理的原因之一。物流专业近几年发展迅速，无论是理论还是实践技术都在迅猛发展，特别是高职院校的物流教育，实践与理论都是最基本的要求。然而，目前很多高职院校依然模仿物流本科的课程体系，较多地参照经济管理等相邻专业的培养目标，重视给学生灌输理论知识，忽视物流专业的操作性，对学生应该掌握什么技能，技能掌握程度缺乏重视①。更有甚者，一些高职院校完全采用物流本科高校的教材，形成压缩性物流本科，在这种教学制度下，院校更多地重视物流管理专业教师的理论学习与科研，很少顾及教师企业实践。同时，在这种重视理论知识传授的观念下，高职教师自身也忙于授课及学术研究，忙碌工作中仅有的课余时间也会更加重视理论学习，无心参与企业实践。

（2）高职院校教学与实践工作冲突的一个原因是近年来高职学生扩招，物流专业教师数量不足引起生师比偏大。物流管理专业作为一个越来越热门的专业，招生数量更是逐年增长，但是学校的教师数量却没有随着招生数量的增长而增加，物流专业的生师比达到了25∶1②，因此很多物流专业课教师的课时量不断增加，授课压力大。调查发现，一些专业教师一学期至少要承担两门专业课和多个班级的教学任务，周课时往往达20节以上，仅应付繁重的课堂教学已经筋疲力尽了，再让他们自己抽时间下企业实践，太不现实。

（3）教师企业实践保障制度不完善。对于教师参加物流企业实践活动，超过一半的高职院校并不会为参与实践的教师发放相应补贴，教师赴物流企业实践期间所产生的交通、餐食等费用开支得不到相应的保障，这对教师参与企业实践的积极性造成了一定程度的影响。此外，因为目前高职院校教师的工资组成中课时费用占了较大比重，教师去物流企业参加实践势必导致教师课时数下降，从而影响教师的收入水平。而对于教师减少的工资收入，高职院校又缺乏相应的补贴机制，这也极大地降低了教师企业实践的积极性。

（4）基于物流管理专业学科设置、岗位分类等的企业实践规划不完善。物流管理专业教师企业实践目标不明确的原因之一是职业院校缺少对物流专业教师企业实践的具体规划。物流管理专业虽然在大多数高职院校成立之初就已经建立，但是近年来，物流行业发展迅速，相关学科、交叉学科众多。该领域行业岗位群

① 赖菲．校企合作中高职院校物流专业教学改革研究 [J]. 物流技术，2014（23）：490-492.

② 涂三广．职业院校教师到企业实践：问题与对策 [J]. 职教论坛，2014（27）：23-27.

众多，学科设置复杂，并且相关理论与技术更新较快，这就造成很多高职院校在制订物流管理专业教师企业实践计划时，难以充分结合教师具体的研究方向、授课范围作出规划，甚至出现不同研究方向、不同授课范围的教师在同一个物流企业进行相同相似岗位实践的现象。例如，教授物流客户关系管理的教师和教授运输管理的教师到企业以后很可能都在相对轻松简单的货物分拣岗位上实践。

教师企业实践内容没有针对性，缺乏明确的岗位实践目标，这极易导致物流管理专业教师企业实践效果与实际需求脱节。

（5）院校对教师企业实践过程管理不够完善。物流管理专业教师企业实践过程形式化的重要原因是学校对教师企业实践期间的管理不够完善。物流企业多为跨区域运作，特别是涉及采购、配送、运输等岗位的教师企业实践过程，传统的查岗方式难以对这些岗位进行良好的监管，这也给高职院校教师企业实践的传统管理方式提出了巨大挑战。再者，物流领域近年发展迅猛，物流专业教师企业实践越来越受到重视，教师企业实践需求越来越大，而当地很多物流企业成立时间较短，虽然这些企业接收了高职物流教师来企业实践，但院校难以在短期内与物流企业内部建立完善的管理监督机制，这也造成教师企业实践过程缺乏有效管理与监督，进而引起教师企业实践过程形式化，无法保障企业实践质量与效果。

（6）企业实践考核及教师绩效评价制度有待完善。部分物流管理专业教师企业实践流于形式的另一个主要原因是教师所处高职院校对于教师企业实践的成果没有完善的评价制度。在教师企业实践过程管理欠缺的背景下，无论高职院校还是物流企业，都难以对教师企业实践过程作出客观合理的考核与评价。大多数高职院校物流管理专业教师的考核方式仅仅是由教师自行提交企业实践成果资料，成果考核也主要在企业实践末期，以学校为主进行考核，实践效果评价形式也较为单一、笼统，评价指标对实践效果反映度不足。

“双师型”教师是职业院校教师队伍建设的目标，是教师参与物流企业实践的目标和动力，但是我国目前对“双师型”教师进行评定时主要将教师已经具备的职业资格证书、职称、学历、工作经历以及学术研究成果等作为评价的主要指标，教师企业实践作为实现“双师型”教师的重要途径却很少被纳入评价指标体系，缺少相应的激励约束机制，导致教师企业实践积极性不够高。

（三）企业方面的原因分析

针对物流管理专业教师企业实践存在的相关问题，我们走访了几家当地的物流企业，对物流企业内部的部分管理人员及一线员工进行了访谈，通过访谈及访谈内容的分析，总结出企业层面原因主要有：

（1）当地物流企业规模限制企业参与度。在与企业人员访谈中发现，物流企业规模及经营模式受当地经济发展限制较大，尤其是在物流行业并不十分发达的三、四线城市。随着众多物流管理专业高职院校的成立，很多地方高职院校在企业实践方面对接的物流企业都是规模小、运营模式落后的中小型物流企业，但大多数高职物流教师的研究课题及授课内容多较为前沿，地方中小企业受自身规模及经济水平影响，无论从岗位数量及技术能力方面都难以满足高职物流教师企业实践的需要。高职物流教师在地方企业实践过程中难以学到自己预期中的技术技能，能力水平难以得到提升，态度及行为上难免会出现懈怠，甚至对企业正常生产运营活动造成不好的影响，这反过来也会影响中小物流企业在教师企业实践过程中的积极性，造成恶性循环。研究发现，很多地方高职院校，有的教师甚至多年未参加过企业相关实践。

总体而言，高职院校所在地的社会经济发展越好，物流相关企业规模越大，数量越多，校企合作的关系往往越紧密而稳定[①]。稳定的校企合作可以为教师提供充足的实践机会，这对于高职院校与物流企业之间深层次的人才交流和培养都有积极的影响，但是对于三线及以下城市的高职院校，物流管理专业教师们缺少这样的实践机会。

（2）物流企业无利可图配合度差。市场经济下的物流企业大多是以营利为目的的经济组织，虽然物流企业是教师企业实践的主体之一，但企业的终极目标是营利，对于教师企业实践这种短期回报较小的社会活动，物流企业积极性并不高。

另外，教师进入物流企业实践，物流企业需要为教师提供必要的设施、工具以及生活条件，还要专门抽调一部分企业的技术员工作为技术指导师父对教师的企业实践给予一定的指导。高职教师企业实践作为物流领域长期发展的重要保障，

① 郭松．青年教师实践教学能力提升的瓶颈及对策 [J]. 教育教学论坛，2016（5）：273-274.

其短期效益落实到接收教师企业实践的物流企业时，其利益并不显著。企业短期投入与回报比例失调，因此很多物流企业逐渐不愿意接纳教师到自己的企业实践。

再者，物流企业引进的新技术、新工艺是企业在物流领域竞争的核心所在，在当前跨国物流公司与本土物流公司之间以及私营物流企业之间竞争日益激烈的状况下，企业的新技术、新工艺都是对外严格保密的，而教师进入企业在一些核心岗位上学习就会造成泄漏核心技术或商业机密的风险，这也是很多物流企业不允许企业实践的教师接触企业内高精尖技术的原因之一。

基于此，很多物流企业在高职物流教师企业实践方面配合度较低，并尽量避免让教师参与重点核心的生产实践和学习，导致教师企业实践形式化，教师无法真正学习到匹配自己所教授专业课的相应技能。

（四）教师自身的原因分析

针对调查问卷发现教师企业实践积极性不够高的问题，我们对物流管理专业的几位教师进行了相关问题的访谈，以下是比较具有代表性的谈话。

问题：请您谈一下您不愿意参加企业实践的原因。

教师A：我觉得我是教师，我的任务是把课本上的知识教给学生，至于实践技能学生在三年级的时候会有企业实习……我担任了三门专业课的教学，每周都有十几节课，而且我正在考博，我希望能有更好的职业发展前景。

教师B：……我在物流企业实践过，确实学到了一些课本上没有的知识，但是这些内容学生们在大三的时候也会进企业实践学习，而且参加企业实践的代价也挺大的，学校每天发放的补贴都不够用，此外，目前我们学校在对教师进行绩效考评的时候尚没有包括企业实践这一项，我希望下一学期不要再给我分配任务……

教师C：……在企业实践确实会有很多收获，但是企业实践并不属于职称评定的指标内容，于我的专业发展意义较小，参加企业实践会导致我在校的课时减少，影响工资水平，而且技术技能这一块的知识可以聘用企业的优秀员工来教授，不需要我们亲自去企业实践。

从以上的访谈内容，我们可以很清楚地看出，教师在不满意学校各方面的保障制度以及绩效评价制度的同时，更重要的是反映出教师自身对教师企业实践不够重视，意识不到企业实践对提升教学水平和自身综合教学能力的重要性，企业实践意识淡薄，教师企业实践意识淡薄主要表现在两方面：一方面，有些教师因为对物流企业实践认识不到位和受到“劳心者治人，劳力者治于人”的传统思想的影响，更愿意在课堂上讲授，进行理论知识的教学，放不下教师的身份进入企业生产一线进行实践学习；另一方面，教师在职业生涯的规划方面更加注重付出和回报之间的平衡，根据马斯洛的需求层次理论，职业院校教师大多处于“尊重需要”的层面，目前在高职院校中教师取得令人瞩目的科研成果或者拥有更高的学历更加受到尊重，因此很多教师愿意把有限的时间用来学习以取得更高的学历或者搞科研，物流企业实践却因为回报较小而得不到教师们的重视。

此外，我们在企业调查中发现多数教师的实践方式和实践内容比较随意，缺少合理的规划，教师企业实践规划不只是学校的责任，也是教师的责任。

第三节　物流管理专业教师企业实践策略

保证高等职业院校物流专业教师企业实践的良性运行，进一步提升企业实践效果，需要地方政府、物流企业、高等职业院校以及物流专业教师之间的密切协作。唯此，才能有效推进高职院校教师企业实践制度建设，并保障教师企业实践制度的有序运行，取得不断促进教师专业发展、持续提升高职教育质量的预期效果。

一、政府方面

保证物流管理专业教师企业实践制度的良好运作离不开政府层面相关配套政策的跟进。物流行业作为快速发展的领域之一，该领域教师企业实践制度的具体落实存在些许问题。政府层面具有统筹全局、协调相关部门关系的优势和职责。政府相关政策的及时跟进是物流管理专业教师企业实践制度顺利落实并良性运转的基础。

（一）完善配套制度并保障制度有效落实

随着物流领域的飞速发展，物流管理专业的职业教育作为物流行业发展的重要保障也引起了社会和众多学者的重视，高职院校物流管理专业教师企业实践的重要性也越来越凸显。国家出台系统化、制度化的教师企业实践政策固然是重要的，但是很多地方政府在具体制度落实方面乏力。相关部门间协调不足，各相关主体之间沟通不畅等问题给物流管理专业教师进入物流企业实践造成了一定阻碍。

因此，地方政府需要根据国家相关制度及时推出适合本地高等职业院校及当地物流企业特点的落实配套制度，并能及时针对物流管理专业教师企业实践制度具体运行中出现的问题，进行补充完善，以确保政策执行的有效性。物流管理专业教师企业实践是一个牵涉多领域、多部门、多主体的系统实践活动，当地政府相关部门需要协助划分各部门职责与权限，各相关主体的利益与责任，做到各个相关部门、各个相关主体之间对等交流、责任共担、资源共享、利益分享，加强部门之间协调，保证物流专业教师企业实践制度顺利落实并健康运转。

（二）政府积极协调相关各方力量保证企业实践良好运行

政府部门应协调相关各方力量，提升高等职业院校、物流企业等主体的积极性并发挥自身优势，确保教师企业实践制度在物流领域落实的基础上良好地运行下去。在整个物流领域快速发展的背后，物流专业教师的企业实践因为各方利益、责任等原因，在具体运行环节还是存在较多阻力。

首先，较多的物流企业因自身及外部因素尚未与高等职业院校建立密切的信息沟通及人才流动渠道。快速崛起的物流企业多认为接收教师到企业实践对自身发展并没有多大意义，甚至看作是强加给企业的额外负担。其次，依靠职业院校自身调节，短期内难以摆脱高校重科研轻实践的大风向。最后，物流管理专业教师个体因物流企业及所在高等职业院校不积极的态度，在物流企业的实践过程也难以达到自身预期效果，相关权益也不能得到有效保障，自身积极性因此受到较大影响。

这些阻碍物流领域教师企业实践制度良好运行的观念单纯依靠企业、职业院校以及教师自身很难在短期内得到有效的改正，这就需要相关职能部门从大局着眼，一方面发挥政府管理约束的职能属性，督促各主体积极转变消极观念，以长远利益为本，提高职业教师参与企业实践的积极性。另一方面，发挥政府的激励促进作用，通过政府拨款，激励各实践主体的利益诉求，并通过媒体宣传、社会鼓励等手段，积极调动院校、企业以及教师个体的积极性，保障教师企业实践制度良好运行。

二、高职院校方面

在落实高职院校物流管理专业教师企业实践制度的过程中，职业院校是制度运行的发起者与主要监督者，职业院校在教师企业实践过程中的地位举重若轻。

（一）重视高职物流管理专业教师企业实践的重要性

高职院校物流教育水平的提高离不开院校对教师企业实践的重视。相比于职业教育发展较好的国家，我国对于高职院校物流专业教师企业实践的重视程度还有待提升。随着物流领域的快速发展，复合型物流人才的培养对物流领域有着至关重要的意义，这对高职院校物流管理专业教师也提出更高的要求，“双师型”教师在物流人才培养中的重要性也越来越突出。高职院校作为教育的主体，应该首先改变自己重理论教学轻实践操作的老旧理念，将教师企业实践及实践结果的考核结果作为评价教师教学价值的重要指标之一，从根本上改变以前“能力不够，论文来凑”的老思想。在日常的工作中，加强院校与快速发展的物流企业的合作，重视物流企业实践对物流管理专业教师教学能力提升的重要意义，充分发挥高职院校的带动效应，为促进物流领域校企双赢体系的建立打下合作基础。

可以借鉴职业教育发展得好的国家的经验，构建高职教育教师企业实践体系。英国高职教师培养采用“三段融合”的培养模式，即教师的职前培训、入职培训辅导和入职后提升三个阶段。在入职后的提升阶段，由物流领域教师根据自己的情况去符合自身学术、教学特点的物流企业参与实践锻炼，进一步了解快速发展的物流领域在技术规范、人才需求、核心技术等方面的变化，进而进一步提升自身教学能力。教师在物流企业实践学习期间要接受严格的监督，在实践结束后还有相应的考核，并且教师企业实践期间的表现和考核成绩都会作为教师续聘、升职和加薪的依据。

（二）按标准生师比配备足够的专业教师

目前多数高职院校物流管理专业的生师比与国家规定的普通高校生师比18∶1相去甚远，教师编制数量不足导致一名教师往往担任多门专业课，教师既要承担繁重的教学，还要兼顾专业建设和课程改革等任务，工作压力巨大，往往没有时间顾及教师企业实践，偶尔参与企业实践也难以保证质量。鉴于此，高职院校应该加大师资引进力度，放宽特殊人才引进条件（例如年龄、学历），吸引行业、企业优秀的管理人才和技术人才等，努力增加高职院校教师数量，扩充教师队伍，减小教师工作压力，从而使教师能够有时间参与企业实践。

（三）制订物流管理专业教师企业实践规划

高职院校对于物流管理教师企业实践缺乏相应的规划，教师企业实践浮于形式，物流管理专业多数教师企业实践亦没有结合物流管理专业学科设置、岗位分类等特点制订符合教师自身需求的实践计划。物流企业实践规划是高职院校确定教师企业实践内容和目标的基础，物流管理专业不同课程、不同研究方向的教师，其企业实践内容的侧重点也应该是不同的，比如仓储管理和运输管理在企业实践过程中，需要实践的项目及掌握的技能是不同。

目前我国高职院校物流管理专业教育课程主要包括："物流规划与设计""采购与供应管理""运输管理""仓储管理""配送管理""国际物流学""自动识别技术""物流市场调研与开发""物流信息管理"等。高职院校应该结合院校自身特点、物流管理教师教学及学术方向、物流企业经营特色等方面，以官方企业实践计划大纲为基础，制订规范并且切合实际的物流管理专业教师企业实践规划。例如，运输管理相关教师企业实践应侧重于参与物流企业运输、调度、驾驶和押运等岗位运作；仓储管理相关教师企业实践应侧重于参与信息处理、入库检验、盘点、理货、分拣、包装货物及组配等岗位运作；物流信息管理相关教师企业实践应侧重于参与物流企业自动识别技术、生产管理、采购作业、供应链物流运作、供应商管理、物联网应用、信息管理等岗位运作。

（四）完善物流企业实践管理体系明确教师权益与责任

物流管理专业教师企业实践对提高教师教学能力与复合型人才培养具有重要意义，高职院校应与物流企业建立长期稳定的合作关系，完善物流企业实践管理体系，制定教师企业实践奖励惩处机制，明确物流教师在企业实践过程中的权益与责任，保证教师企业具体实践过程的质量与效果。

首先，高职院校应该通过完善物流管理教师企业实践管理体系，保证参与物流企业实践的教师，特别是在外地物流企业实践的教师的基本福利。例如保证物流企业实践期间的工资应与平时持平，通过发放实践补助费用填补教师实践期间减少的课时费用，其次应该提高教师企业实践成果优秀的教师的工资标准，对企业实践期间表现优秀，能够为企业提供技术支持的教师发放奖励金，激励教师主动参与企业实践过程，保证企业实践质量。

高职院校除了要采取一定的激励措施以外，还要有用来约束物流管理专业教师企业实践期间的行为和规范的制度。物流企业岗位常常具有高机动性特点，比如运输、采购、配送等岗位。物流管理专业教师在物流企业实践过程中，高职院校针对大部分学科制定的企业实践监督机制常常无法有效覆盖到部分物流企业实践过程，学校内部应该针对物流企业岗位特点，对常规企业实践监督机制进行改善，完善物流企业实践管理体系，协调物流企业一起对教师企业实践过程进行有效监管，保证实践质量。首先是企业实践期间的考勤制度，保证每位教师的实践时间是最基本的，要在物流企业内部，特别是高流动性岗位方面，有相应的可靠的负责人为教师做好考勤，并制定考勤的量化标准；其次要规范物流管理专业教师具体企业实践过程中的考核制度，协调企业对教师企业实践过程进行量化考核，督促教师积极完成物流企业实践目标与计划。企业实践过程中的考核结果与企业实践结束后的考核共同评定教师的企业实践效果。

（五）落实物流领域企业实践评价考核

教师企业实践是提高物流管理专业教师综合教学能力的主要途径之一，为了保证教师企业实践的质量与成效，必须对教师在物流企业的实践成果进行考核。为了保证考核的公平公正，应该采取多种考核方式。

（1）对于物流管理专业教师企业实践的成果进行考察应该采取多主体评价的方式。首先，要完善学生评价制度。学生是物流管理专业教师教学能力提高的主要受益者，建立教师企业实践课堂应用的效果评价是见证教师企业实践效果的有力证明。学校可以通过问卷和访谈的形式对学生进行访谈，了解教师实践教学的效果，从而对教师企业实践成果进行考评；其次是要完善教师的个人反馈制度，通过教师的个人反馈可以发现教师企业实践需求和实践的侧重点；然后是物流企业对教师企业实践期间的考核评价，物流企业是教师企业实践期间最直接的见证人，因此物流企业应该在企业实践结束时，积极出具相应的鉴定意见；最后是教师之间的互评，教师企业实践回校以后可以互相听课学习，并互相评价。

（2）科学合理的考核方式是终结性考核与过程性考核相结合的考核方式。一方面，要注重过程性考核评价，可以采用类似于学分式的评价方式，比如教师在物流企业相关岗位上的技能进步情况，实践期间的学习态度，是否为企业提供力所能及的帮助，实践期间的考勤等分别计入分值；另一方面在教师企业实践结束之后的实践能力达标情况，设定总结、报告、答辩等终结性考核方式。将终结性考核与过程性考核相结合，并按照一定的比例进行综合评价，使考核的结果更加精确，同时增强了教师企业实践考核的可操作性，使高职院校教师企业实践的考核制度更加完善。

（3）将教师企业实践成果纳入教师绩效考核。公平合理的教师考评机制是教师不断提升自己、努力上进的动力，还可以使教师发现自己的不足。高职院校应该打破以往以理论教学为主的教师考核评价模式，将教师的企业实践纳入年终考核或者学期考核，主要评价内容为教师是否参与了企业实践，教师企业实践期间的表现，教师企业实践是否取得了相应的实践成果以及教学能力的提升度等。还应将教师的企业实践纳入“双师型”教师评价体系，因为物流行业的发展较快，已经取得的成效不一定依旧适应当前的教学需要，所以在“双师型”教师评价体系中应该适当减少教师本身已经取得的成效在评价当中所占的比例，着重关注当下教师企业实践的成效。

三、物流企业方面

物流企业作为物流管理专业教师企业实践活动的承载主体，在教师企业实践过程中起到了重要的作用。物流企业的跨区域经营模式，对加强不同地区教师企业实践活动的交流尤为重要。

（一）构建物流领域校企双赢体系

我们在调查中发现，物流企业参与教师企业实践积极性较低是物流专业教师企业实践机会少、实践质量难以保障的重要原因之一。物流企业的属性使其在物流专业教师企业实践的认知方面与高等职业院校之间具有一定的差距，特别是在校企双方人力资源交流受阻的大环境下，教师企业实践对以营利为目的、行业技术更新频繁的物流企业而言，其吸引力更加不足。

实际上，物流企业除了营利性经济结构角色之外，也是高职院校物流管理专业教师企业实践的承载单位与培养基地，特别是在物流领域迅速崛起的大环境下，物流领域人才的缺口日益增大。除了对运输、仓储、配送等基础人员的需求外，对掌握丰富的理论知识、具有物流领域创新能力、跨领域多知识面的复合型物流人才的需求更加紧缺。

物流企业应该从更高的高度出发，明确高职物流专业教师企业实践对高职院校物流教育、人才培养，特别是复合型物流人才培养的重要意义，主动承担起自己在高职物流管理专业教师企业实践活动中所应承担的责任，加强与高职院校的合作，努力为物流领域高质量人力资源的培养创造出更加良好的环境，通过丰富的物流人才培养与储备，从而能够保障行业领域长期稳步的发展。通过加强校企人才交流，构建物流企业与高职院校之间人才培养与人才反哺的双赢体系，整个物流领域才能在迅速更新的大环境下源源不断地迸发生机。

高职教师参与物流企业实践对物流企业自身管理及经营理念革新也有极大的促进作用。物流企业通过落实高职物流教师企业实践规划细节，既能保障教师企业实践质量与效果，又可以充分利用高职院校教师所带来的新理念、新课题，将物流管理专业高职教师丰厚的理论功底和先进的科研知识同物流企业自身运营特点及发展战略相结合，从而进一步促进物流企业自身的长远发展。

物流企业作为高职物流管理专业教师企业实践的主体部分之一，应该积极转变自身观念，在追求盈利的同时认识到校企合作对物流领域长期发展的重要性，提高自身参与的积极性，为物流领域校企双赢体系的建立作出自己的贡献。

（二）搭建物流企业实践跨区域合作网络

物流企业作为经济结构之一，其内部运行方式、经营规模等因素均会受到当地经济发展水平影响。物流企业及其跨区域工作性质决定了跨地域交流对该领域的重要性。然而受各方面因素影响，当前高职院校物流专业教师实践企业多集中于本地物流企业，实践模式也具有一定的局限性，实践过程及实践效果较难突破地域壁垒的限制。这种状况下，高职院校物流管理专业教师难以获取其他地域与经济环境下物流行业内部的实践经验，这对教师物流企业实践效果及相关教学能力的提升影响较大。

物流企业作为跨区域运作系统，应该积极发挥自身结构与运作的优势，协调不同区域相关物流子企业、子部门，为参加企业实践的高职院校教师创造更多跨区域企业实践学习的机会，搭建物流行业内部的教师企业实践跨区域合作网络，让物流专业教师企业实践既可以走出本地，也可以吸引外地教师走进来。促进不同地域间、不同经济环境下物流领域教师企业实践活动的交流，特别是经济欠发达地区物流企业与经济发达地区物流企业之间教师企业实践内容的交流。这对打破经济发展差异对教师企业实践机会与实践质量上的限制有重要意义，也为解决物流企业规模限制企业参与度的问题增加了新的解决渠道[①]。

四、物流管理专业教师自身

无论是政府方面的统筹引领、物流企业方面的积极参与还是高职院校主导与监督，这些措施都是物流管理专业教师企业实践制度顺利实施的重要举措，但是所有举措的效果最终还是需要通过物流管理专业教师个体来体现。如果作为教师企业实践内因的教师本身没有企业实践的意愿和接受能力，那么前三者再好的举措都难以起到实效。所以在促进该群体专业能力发展的综合性任务中，应重视职业院校教师这个主体的重要作用。

（一）端正企业实践态度规划专业发展

物流领域的快速发展要求高职院校物流管理专业教师要紧跟行业节奏，树立正确的专业发展观念。在物流教学过程中，要充分认识到物流企业实践对于自身综合教学能力提升的关键作用，并根据自己的专业课课堂需求，明确企业实践的重点，协助高职院校做好企业实践规划，使自己企业实践的成果能够跟自身所具备的理论知识相得益彰，实现“理实”一体化，提升专业教学水平。

物流管理专业教师一定要坚定企业实践的信念。对于高职院校教师而言，企业实践既是权利也是教师应遵循的义务。此外，教师在坚定实践信念之前也应该强化自身权益保护意识，教师企业实践属于国家的方针政策，因此，关于教师企业实践期间的利益和安全等问题，教师有权利在企业实践之前与学校签署相关的实践协议，从而保障自身利益，解决企业实践的后顾之忧，更好地提升企业实践效率。

为了提高教师在企业实践的效率，保障教师在有限的企业实践时间里取得最大的收获，教师在企业实践过程中要努力转变角色，克服企业实践身份认同障碍，放下自身姿态，从被动到企业实践变为主动参加企业实践，以企业员工的身份积极融入企业，认真遵守企业的管理制度和规章制度，不随意请假、迟到、

① 王洋．基于京津冀区域物流联盟系统的建立与布局研究 [D]. 天津：河北工业大学，2010.

旷工，尊重企业文化，尤其物流管理专业的教师要积极参与到物流企业生产一线，认真学习和掌握新技术、新科技，了解物流行业的发展方向，为调整自己的教学策略做好充足的准备。此外，要与企业员工建立良好的互助学习关系，虚心请教，倾囊相助。鉴于物流行业的快速发展以及高科技化日益彰显，物流管理专业课教师带着物流方面的课题参与企业实践会取得更好的效果，不仅可以在实践中丰富自己的课题，更新学校教学内容，还可以帮助企业解决很多技术和管理方面的问题。

（二）制定教师企业实践规划

针对教师企业实践期间实践目标不明确以及实践内容不合理等问题，教师应该在学校规划的基础上，根据物流管理专业教学需求和自身的欠缺，在进入企业实践之前制订详细、科学的进企业锻炼工作计划，包括实践的方式、实践的时间安排等，并重点分析应该实践的内容以及实践目标。在企业实践期间要多与企业技术人员交流和学习，掌握物流企业经营运转的方式和相应岗位上的技术要求，做好实践记录，定期总结实践记录，积极地将学习到的内容与课堂教学结合，从而提升教学水平。

（三）积极反思内化实践成果

教师参加物流企业实践，努力提升综合教学能力的目的是能够将理论知识与实践技能更好地融合，从而提升教师自身的教学水平。但是知识的内化吸收并不是在瞬间完成的。它需要教师在阶段性的企业实践结束之后进行积极反思，结合物流管理专业实际教学需要将企业实践学习到的知识应用到实践教学当中。

反思需要有方法的引导，最常见的反思方式就是撰写反思日记。对于物流管理专业教师企业实践来讲，反思的方式更多，比如阶段性的企业实践结束以后，参与实践的教师之间的交流总结。此外，教师需要反思的内容也要有一定的规划性，比如实践期间遇到的问题反思，实践结束后在教学中的应用反思等。

通过反思可以使教师企业实践达到事半功倍的效果，还可以提升教师的实践能力，从而取得更好的教学成果。

不可否认，在一系列关于教师企业实践的制度和措施的引导下，我国各高职院校纷纷开始重视教师企业实践的重要性，并积极鼓励教师参与企业实践，取得了一定的成效，但是由于相关政府部门配套执行制度不完善以及学校方面缺少关于教师企业实践的具体规划，导致教师企业实践依然存在很多问题。本研究以物流管理专业为例，分析物流管理专业教师企业实践存在的问题以及原因，并提出了相应的解决策略。通过对前人的研究以及实地的调查和访问，发现物流管理专业教师企业实践存在的问题主要分为四个方面：首先是政府层面的相关配套政策不够完善，对企业实践的具体落实缺少监管；其次是物流企业层面能够为教师提供的实践机会较少；再次是职业院校对教师企业实践重视度不够，学校生师比较大，教师工作压力大，对教师企业实践缺少规划管理，教学与实践工作安排不合理引发冲突，对教师企业实践效果缺少考核监管；最后是教师自身企业实践的积极性不够高。

针对出现的问题，提出了相应的解决措施。首先，政府层面应该完善配套制度保障教师企业实践的顺利运行，并制定一定的激励措施提高各个环节教师企业的积极性。其次，物流企业与学校共同搭建物流企业合作网络，联合物流专业教师开展物流实践工程，为教师企业实践提供足够的岗位和机会，并努力构建校企合作的双赢体系，实现企业与高职院校互惠互利。再次，职业院校应该努力从 5 个方面完善教师企业实践：第一，重视高职物流管理专业教师企业实践的重要性，鼓励教师积极参与企业实践；第二，按标准生师比配备足够的专业教师，减轻教师工作压力；第三，制订物流管理专业教师企业实践规划，明确实践内容和实践目标；第四，完善物流企业实践管理体系明确教师权益与责任，提升教师企业实践的积极性和自觉性；第五，落实物流领域企业实践评价考核。最后，教师自身要端正企业实践的态度，做好实践规划，将教师企业实践与自己的职业发展相结合，并积极进行教师企业实践反思。

总之，教师企业实践是关系到职业院校提升教师实践能力，加强教师队伍建设，提升院校教学水平的系统化工程，需要政府、学校、企业以及教师在工作中积极配合，努力承担起应该承担的责任，最后希望更多的学者能够就教师企业实践进行调查和研究，提出更多的具有实质性的解决策略，为教师企业实践贡献力量。

第六章
高职教师企业实践的阻力因素与动力机制

尽管我们在第四章研究了中职教师企业实践的阻力因素与动力机制，但由于高职教育与中职教育的层次不同，高职教师的基础学历、工作环境等与中职教师存在着明显差异，因此需要单独探讨高职教师企业实践的阻力因素与动力机制。实际上，高职教师属于高等院校教师，而中职教师属于中等教育阶段教师，二者在基础素质要求、岗位职责要求等方面也存在一定的差别。根据教育部相关规定，从 20 世纪末起，非师范、非医学、非公安类的专科层次全日制普通高等学校逐步在校名后加上了后缀“职业技术学院”或“职业学院”，而师范、医学、公安类的专科层次全日制普通高等学校则加上了“高等专科学校”的后缀，使高等职业院校与中等职业学校均成为职业教育的重要实施主体。与此相对应，高职院校教师和中职学校教师均成了职业教育师资。基于以上不同及相关性，本章集中研究了高职教师企业实践的阻力因素，并构建了相应的动力机制。

第一节 高职教师企业实践阻力因素的调查与分析

教师参与企业实践是培养“双师型”教师队伍及提升教师素质素养的有效途径。高职院校作为技术技能人才培养的高地，理应积极构建一支高素质的“双师型”教师队伍。2018 年中共中央国务院文件《全面深化新时代教师队伍建设改革的意见》中明确提出：“切实推进职业院校教师定期到企业实践、不断提升实践教学能力。”随着高职院校教师企业实践不断趋于规范化与制度化，各省级教育行政部门也逐步开始制订省区、市教师企业实践制度的总体规划与管理办法，详细规定了企业实践内容，教师参与实践形式更加多样，企业关于接收教师企业实践的相关管理办法也日渐成熟。然而，高职教师在实际操作时的评估效果却不尽理想。究其原因，关键在于教师、学校、政府与企业各方在企业实践过程中所扮演的角色及定位存在欠缺，影响了各方制定的有益机制和政策有效运行。因此，系统地研究当前高职院校教师企业实践的影响因素，确定其中产生负面影响的内外部阻力因素，才能有效发挥教师参与企业实践在构建“双师型”教师队伍中的作用。

一、教师企业实践动因分析

（一）外部动因

（1）教师企业实践培训亟待中央政府层面提供的政策支援教育部为进一步贯彻《国务院关于大力发展职业教育的决定》精神，于 2006 年发表了指导性文件《关于全面提高高等职业教育教学质量的若干意见》，文件指出：“要加强校企合作，加强实训、实习基地建设，安排专业教师到企业顶岗实践，积累实际工作经历，提高实践教学能力。”2008 年 8 月开始，在深入调研、广泛听取各方意见建议的基础上，经反复研究论证修改，形成了公开征求意见稿。于 2010 年 7 月 29 日正式发布的《国家中长期教育改革与发展规划纲要（2010—2020）》中明确规定：“制定优惠政策，鼓励企业接收学生实习实训和教师实践。”《国务院关于大力发展职业教育的决定》中规定："实施职业院校教师素质提高计划，地方各级财政要继续支持职业教育师资培养培训基地建设和师资培训工作。建立职业教育教师到企业实践制度，专业教师每两年必须有两个月到企业或生产服务一线实践。"国家为深化校企合作，促进教师企业实践制定了一系列的政策，这些政策是教师企业实践的原动力，为实际的企业实践指明了方向。

（2）教师企业实践为企业带来福利。在校企合作中企业可以享受到学校的知识资源。第一，高职院校教师具有系统专业的理论知识，在企业学习实践的过程中，可以利用其丰富的理论知识培训企业的员工，整体上提高企业员工的工作素养。第二，高职院校教师参与到企业管理，高屋建瓴地在制度上为企业管理人员提供参考意见和专业知识，还可以把教学中积累的经验和好的思路带给企业，为企业的生产经营活动提出一些好的建议和意见。第三，高职院校教师可以利用学校较强的科研技术力量，协助企业进行产品开发和技术改革，帮助企业技术攻关，提高产品研发的能力。

（3）企业对于教师企业实践的积极性。企业是利用市场资源，向市场提供商品或服务，实行自主经营、自负盈亏、独立核算的具有法人资格的社会经济组织。企业是为了创造利润，并以盈利为目的的。企业在接收教师实践方面的积极性取决于其自身所获得的实际好处。当前，校企合作方面大部分只是体现在安排毕业生就业上，而在技术研发和实践方面，双方依然无法达成有效而一致的意见，企业从技术保密和工作效果上考量，并不愿意让高职教师接触核心利益的相关内容。教师赴企业工作实践，企业需要为此付出相应的人力、财力、物力。多数教师被允许接触的方面只是以考察观摩和技能培训为主，既不能给企业带来直接利润，又不能很快给企业提供技术和研发支持，还要占用企业资源，甚至还会在某种程度上干扰企业的正常工作。因此，为了自身的利益考虑，许多企业不愿意接收实践的教师。

（4）教师企业实践实际效果。高职院校教师赴企业实践，由于企业不积极，教师不主动，使得实践内容过于简单，过程流于形式。多数企业不愿安排企业专家、技术能手指导教师，甚至不安排教师担任实际工作。实践活动中，许多教师只是参观了企业环境，了解了工作流程，没有有效地体验、承担实际岗位职责，没有深入企业生产经营活动，教师企业实践流于形式，不能真正融入企业中，根本无法达到提高实践技能的目的。由于实际效果不理想而在客观上阻碍了教师的企业实践。

（二）内部动因

（1）教师企业实践是实现高职教育培养目标的需要。高等职业教育的目标是培养出同时具有专业水平和实际操作能力，并能深入生产和管理一线的高级应用型人才，这就要求高职院校的教师必须具备深厚丰富的知识素养和熟练专业的实际操作能力。通过高职院校和企业的通力合作，使高职院校“双师型”教师队伍的培养和建设得到长足而有效的发展。有学者提出：“教师赴企业实践是深化产教融合、校企合作的主要形式，职业院校教师企业实践制度的建立，有利于校企双方畅通校企合作渠道，建立长期稳定、互惠互利的合作机制。”① 只有教师真正懂得了社会企业的发展现状、企业运行机制以及企业需要什么样的人，学校才能制定相应的培养目标，培养出能为社会所用的人才。

（2）教师企业实践能促进教师专业知识增加、能力提高。参与企业实践是提升教师实践能力、丰富教师理论素养、促进教师业务能力提升、强化师资队伍建设的重要途径。教师实践能力与专业理论知识作为教师发展水平的基础，对促进教师传统教学方法的革新有着极大的推进作用；教师自身高超的学术及实践水平将开阔学生的发展空间，并加强自身的专业成长。有学者认为：“教师通过企业实践，可以有效地更新或增强其职业技能，通过到企业的实践，使教师提升实践能力，熟悉职业岗位，及时了解、掌握企业的最新动态和最新技术②。”还有学者提出：“高职院校教师普遍存在理论知识丰富、实践技能欠缺的现象，对专业教学中的案例没有切身的体会，对企业生产、经营的实际情况不了解。通过赴企业工作实践，参加真实的企业生产经营活动，高职院校教师可以了解企业发展最新动态，开阔眼界，提升专业技能，完善知识体系。”虽然从短期的实践中教师不可能完全熟悉企业岗位技能，但是可以在返校后的教学工作中，适时调整教学内容，丰富教学案例，注重实践教学与企业岗位需求紧密结合，从而提高实践教学能力。

（3）教师企业实践积极性。习惯了教师的角色和职业认知，有些教师对企

① 黄克孝．职业和技术教育课程概论 [M]. 上海：华东师范大学出版社，2001：8.

② 叶澜．教育概论 [M]. 北京：人民教育出版社，1991：21.

业实践的态度消极。有学者从高职教师个体上研究，提出教师自身对参与企业实践的真正意义并没有形成概念，并不愿意参与到企业实践工作中。在实际中有些教师认为在学校授课才是主业，所以特别抵制参与企业实践，能不去就不去；有些尽管去了企业实践，由于认识偏差，所以只是流于形式，没有得到任何实际成果；有些因自身专业的问题导致很难找到专业对口的企业实践；有些教师同时还身负非教学任务，工作繁忙，并没有足够的时间来参加日常工作和教学以外的活动。

二、研究方法及过程

（一）研究方法

美国巴特尔研究所学者 Gabus 与 Fontela（1971）首次提出利用图论与矩阵进行系统分析的 DEMATEL 法。Shinichiro（1997）等提出利用 DEMATEL 法构建直接影响矩阵，通过定性与定量相结合，矩阵构建与案例调查相结合，以专家法确定直接影响矩阵，进而得出直接影响矩阵、综合影响矩阵等一系列矩阵图形，通过相关的分析确定影响因素指数值，得出各因素影响度、被影响度、原因度和中心度，进而确定各影响因素间的影响大小与重要程度。通常决策小组人员由 5 ～ 15 人进行较为合适。本研究运用此方法来构建高职院校教师参与企业实践的阻力影响矩阵，以此明确教师在参与企业实践中存在的问题与阻力，进而提出相应对策与建议。

（二）研究过程

步骤 1：确定系统阻力影响因素。结合已有研究成果，本研究初步确定了影响高职院校教师企业实践的 28 项因素。采用 Likert 五级等级评定法分别对 28 项影响因素进行赋值：1 分为无阻力；2 分为阻力较小；3 分为阻力一般；4 分为阻力较大；5 分为阻力非常大。而后，采用德尔菲法（Delphi Method），分别邀请秦皇岛职业技术学院、河北对外经贸职业学院、河北环境工程学院、河北建材职业技术学院、河北科技师范学院 5 所高校的 300 位专家、教师对各项影响因素程度进行打分。通过对调查结果进行汇总整理，按问卷 5 个级次，求得的平均值定义为“影响强度”，当某问项影响强度高于本级次赋值 3.0 分（不含）时，认定该问项具有上级次趋向；当某问项影响强度低于或等于本级次赋值 3.0 分时，认定该问项为本级次。由于高职院校教师常年从事基层教学，对政府层面的政策与制度的认识不够深刻，在筛选去除影响度在 3.0 分以下的 12 项因素后，反复征求了各位专家、教师的修订意见，最终排除了政府维度，确定了影响高职院校教师企业实践的 3 个维度 16 项因素。同时，为便于分析调查，将各影响因素分别命名为 a_1，…，a_n（n=16）。其中，教师因素 5 项、学校因素 2 项、企业因素 6 项。具体调查结果如表 6-1 所示。

表6-1　高职院校教师企业实践阻力影响因素调查表

维度	影响因素		影响度	维度	影响因素		影响度
	编码	指标			编码	指标	
教师	a_1	专业与企业契合度	3.17	学校	a_9	企业遴选质量	3.75
	a_2	家庭状况	3.75		a_{10}	专业与产业契度	3.67
	a_3	企业工作经验	4.08		a_{11}	生产经营条件	3.75
	a_4	任教课程	3.33	企业	a_{12}	发展规模	3.42
	a_5	教学任务	3.67		a_{13}	社会责任意识	3.50
	a_6	企业实践内容	3.58		a_{14}	核心技术保密	4.00
	a_7	企业实践待遇	3.50		a_{15}	接收教师实践成本	3.50
学校	a_8	企业实践经费	3.25		a_{16}	教师解决问题的能力	3.92

步骤 2：确定不同因素之间的影响关系，通过教师评分确定因素重要性，进而明确不同因素间的直接影响程度。其中，$\boldsymbol{X}_{ij}$（i=1，…，n，j=1，…，n，$i \neq j$），表示因素 a_i 对 a_j 的直接影响程度，若 i=j，则 $\boldsymbol{X}_{ij}$=0。本研究选择了秦皇岛职业技术学院、河北对外经贸职业学院、河北环境工程学院、河北建材职业技术学院 4 所不同高职院校教师企业实践负责人、专任教师共 12 人，通过实地访问与“背靠背”的方式，逐一判断、评定、量化各个影响因素相互间的影响程度，共回收有效问卷 12 份。其中各因素间影响程度由弱到强分别取值为 0 ～ 3。其中 0 为甲因素对乙因素没有影响，1 为影响一般，2 为影响较大，3 为影响极大。分析过程遵循少数服从多数的原则，将频率最高数值确定为对应因素的直接影响程度，获得较为权威的直接影响矩阵 $\boldsymbol{X}$，如表 6-2 所示。

表6-2　高职院校教师企业实践直接影响矩阵

矩阵 $\boldsymbol{X}$	a_1	a_2	a_3	a_4	a_5	a_6	a_7	a_8	a_9	a_{10}	a_{11}	a_{12}	a_{13}	a_{14}	a_{15}	a_{16}
a_1	0	0	3	2	2	3	3	3	3	2	1	1	1	1	2	3
a_2	0	0	0	0	2	0	3	0	0	0	0	0	3	0	0	2
a_3	2	0	0	2	2	2	3	2	2	2	1	1	1	1	2	3
a_4	3	0	1	0	3	3	2	1	1	3	0	1	1	1	2	3
a_5	1	3	2	3	0	2	1	1	1	1	0	0	1	1	2	2
a_6	3	0	3	3	2	0	2	3	3	2	1	1	2	3	3	3
a_7	2	3	2	1	1	3	0	3	3	1	1	1	1	1	3	2
a_8	1	0	3	1	1	3	3	0	3	2	2	1	1	1	3	3
a_9	3	0	3	1	1	3	3	3	0	3	3	3	3	2	3	2
a_{10}	3	0	3	3	2	3	2	2	2	0	3	3	1	3	3	1
a_{11}	2	0	3	1	1	2	3	3	3	1	0	3	1	3	3	3
a_{12}	2	0	2	1	1	2	3	2	3	3	3	0	1	3	3	3
a_{13}	1	3	1	1	2	1	1	1	2	1	3	3	0	1	1	3
a_{14}	2	0	2	2	1	2	2	1	2	3	3	1	1	0	2	3
a_{15}	2	0	2	2	1	2	2	3	2	3	1	1	1	1	0	1
a_{16}	1	3	3	2	2	2	2	2	3	1	1	1	3	1	2	0

步骤 3：确定各因素间的规范化直接影响矩阵。将直接影响矩阵 $\boldsymbol{X}$ 的标准化为 $\boldsymbol{G}$，即对 $\boldsymbol{X}$ 每一行的行元素求和，将 $\boldsymbol{X}$ 除以最大行和（见表 6-3）。计算公式如下：

$$\boldsymbol{G}=\frac{1}{\max\limits_{1\leqslant i\leqslant n}\sum\limits_{j=1}^{n}A_{ij}}\boldsymbol{X}$$

表6-3 高职院校教师企业实践规范化影响矩阵

矩阵 **G**	a_1	a_2	a_3	a_4	a_5	a_6	a_7	a_8	a_9	a_{10}	a_{11}	a_{12}	a_{13}	a_{14}	a_{15}	a_{16}
a_1	0.00	0.00	0.08	0.06	0.06	0.08	0.08	0.08	0.08	0.06	0.03	0.03	0.03	0.03	0.06	0.08
a_2	0.00	0.00	0.00	0.00	0.06	0.00	0.08	0.00	0.00	0.00	0.00	0.00	0.08	0.00	0.00	0.06
a_3	0.06	0.00	0.00	0.06	0.06	0.06	0.08	0.06	0.06	0.06	0.03	0.03	0.03	0.03	0.06	0.08
a_4	0.08	0.00	0.03	0.00	0.08	0.08	0.06	0.03	0.03	0.08	0.00	0.03	0.03	0.03	0.06	0.08
a_5	0.03	0.08	0.06	0.08	0.00	0.06	0.03	0.03	0.03	0.03	0.00	0.00	0.03	0.03	0.06	0.06
a_6	0.08	0.00	0.08	0.08	0.06	0.00	0.06	0.08	0.08	0.06	0.03	0.03	0.06	0.08	0.08	0.08
a_7	0.06	0.08	0.06	0.03	0.03	0.08	0.00	0.08	0.08	0.03	0.03	0.03	0.03	0.03	0.08	0.06
a_8	0.03	0.00	0.08	0.03	0.03	0.08	0.08	0.00	0.08	0.06	0.06	0.03	0.03	0.03	0.08	0.08
a_9	0.08	0.00	0.08	0.03	0.03	0.08	0.08	0.08	0.00	0.08	0.08	0.08	0.08	0.06	0.08	0.06
a_{10}	0.08	0.00	0.08	0.08	0.06	0.08	0.06	0.06	0.06	0.00	0.08	0.08	0.03	0.08	0.08	0.03
a_{11}	0.06	0.00	0.08	0.03	0.03	0.06	0.08	0.08	0.08	0.03	0.00	0.08	0.03	0.08	0.08	0.08
a_{12}	0.06	0.00	0.06	0.03	0.03	0.06	0.08	0.06	0.08	0.08	0.08	0.00	0.03	0.08	0.08	0.08
a_{13}	0.03	0.08	0.03	0.03	0.06	0.03	0.03	0.03	0.06	0.03	0.08	0.08	0.00	0.03	0.03	0.08
a_{14}	0.06	0.00	0.06	0.06	0.03	0.06	0.06	0.03	0.06	0.08	0.08	0.03	0.03	0.00	0.06	0.08
a_{15}	0.06	0.00	0.06	0.06	0.03	0.06	0.06	0.08	0.06	0.08	0.03	0.03	0.03	0.03	0.00	0.03
a_{16}	0.03	0.08	0.08	0.06	0.06	0.06	0.06	0.06	0.08	0.03	0.03	0.03	0.08	0.03	0.06	0.00

步骤 4：计算各影响因素之间的综合影响矩阵 ***T***。

运用公式 $\boldsymbol{T}=\boldsymbol{G}^1+\boldsymbol{G}^2+\cdots+\boldsymbol{G}^n=\boldsymbol{G}(\boldsymbol{I}-\boldsymbol{G})^{-1}$ 计算出综合影响矩阵 ***T***，其中 ***I*** 作为单位矩阵。依据该公式通过 Excel 软件计算出因素间的综合影响矩阵（见表 6-4）。通过综合影响矩阵的计算，可以得出各个因素的影响指数值，最后分析各影响因素对高职院校教师企业实践的影响程度。

表6-4　高职院校教师企业实践综合影响矩阵

矩阵 **T**	a_1	a_2	a_3	a_4	a_5	a_6	a_7	a_8	a_9	a_{10}	a_{11}	a_{12}	a_{13}	a_{14}	a_{15}	a_{16}
a_1	0.207	0.088	0.323	0.239	0.221	0.322	0.320	0.305	0.320	0.257	0.189	0.177	0.183	0.192	0.302	0.330
a_2	0.055	0.042	0.068	0.053	0.103	0.068	0.145	0.063	0.070	0.053	0.046	0.044	0.128	0.044	0.069	0.126
a_3	0.231	0.078	0.212	0.214	0.198	0.264	0.286	0.249	0.262	0.229	0.166	0.157	0.161	0.169	0.268	0.295
a_4	0.250	0.076	0.231	0.159	0.220	0.280	0.250	0.214	0.227	0.246	0.134	0.149	0.155	0.164	0.258	0.285
a_5	0.155	0.136	0.201	0.195	0.111	0.202	0.180	0.164	0.173	0.154	0.097	0.092	0.129	0.126	0.203	0.212
a_6	0.308	0.095	0.349	0.285	0.240	0.271	0.321	0.328	0.345	0.283	0.209	0.195	0.224	0.259	0.352	0.359
a_7	0.234	0.154	0.268	0.189	0.177	0.291	0.219	0.279	0.291	0.208	0.171	0.159	0.170	0.172	0.296	0.277
a_8	0.225	0.082	0.311	0.203	0.185	0.308	0.308	0.218	0.309	0.246	0.208	0.172	0.175	0.185	0.315	0.315
a_9	0.326	0.101	0.372	0.249	0.227	0.369	0.370	0.352	0.295	0.324	0.280	0.264	0.261	0.255	0.378	0.358
a_{10}	0.314	0.090	0.354	0.289	0.241	0.353	0.328	0.309	0.327	0.236	0.263	0.249	0.198	0.268	0.360	0.315
a_{11}	0.273	0.090	0.341	0.223	0.203	0.313	0.340	0.322	0.340	0.249	0.179	0.240	0.193	0.256	0.345	0.349
a_{12}	0.278	0.091	0.320	0.227	0.206	0.316	0.341	0.301	0.342	0.301	0.260	0.168	0.194	0.261	0.349	0.349
a_{13}	0.185	0.151	0.216	0.168	0.185	0.212	0.221	0.201	0.241	0.183	0.207	0.198	0.127	0.158	0.219	0.278
a_{14}	0.244	0.078	0.278	0.224	0.181	0.276	0.275	0.236	0.275	0.265	0.229	0.169	0.169	0.155	0.281	0.308
a_{15}	0.224	0.067	0.254	0.205	0.165	0.254	0.252	0.264	0.251	0.247	0.163	0.153	0.152	0.164	0.205	0.234
a_{16}	0.208	0.160	0.290	0.215	0.205	0.265	0.270	0.250	0.289	0.207	0.172	0.162	0.222	0.171	0.269	0.227

步骤 5：通过综合影响矩阵，依次计算各因素的影响度（Effect Degree，ED）、被影响度（Affected Degree，AD）、中心度（Prominence Degree，PD）与原因度（Cause Degree，CD）等指数值。其中，影响度表示表 6-4 各个因素对应行之和，表示该行因素对所有其他因素的综合影响值；被影响度表示表 6-4 各个因素对应的列和，表示该列对应因素对所有其他因素的综合影响值；原因度为影响因素与被影响因素之差，表示该因素与其他因素的因果逻辑关系。若某因素原因度值大于零，则判定其为原因要素，说明该因素对其他因素起主导作用；若某因素原因度值小于零，则判定其为结果要素，说明受其他因素制约。中心度为

影响度与被影响度之和，表示该因素在整个系统中的重要度，中心度越大，则该因素的作用就越大。具体见表 6-5。

表6-5 高职院校教师企业实践阻力影响因素的中心度与原因度

影响因素	影响度	被影响度	原因度	中心度	影响因素	影响度	被影响度	原因度	中心度
专业与企业契合度	3.98	3.72	0.26	7.69	企业遴选质量	4.78	4.36	0.42	9.14
家庭状况	1.18	1.58	—0.40	2.76	专业与产业契合度	4.49	3.69	0.81	8.18
企业工作经验	3.44	4.39	—0.95	7.83	生产经营条件	4.26	2.97	1.28	7.23
任教课程	3.30	3.34	—0.04	6.63	发展规模	4.30	2.75	1.55	7.05
教学任务	2.53	3.07	—0.53	5.60	社会责任意识	3.15	2.84	0.31	5.99
企业实践内容	4.42	4.36	0.06	8.79	核心保密技术	3.64	3.00	0.65	6.64
企业实践待遇	3.55	4.43	—0.87	7.98	接收教师实践成本	3.26	4.47	—1.22	7.73
企业实践经费	3.76	4.06	—0.29	7.82	教师解决问题能力	3.58	4.62	—1.04	8.20

步骤 6：以各因素的原因度与中心度绘制笛卡尔坐标系（Cartesian Coordinates），通过标识各因素在坐标系中的位置，分析阐述各阻力因素的影响程度与重要性。具体见图 6-1。

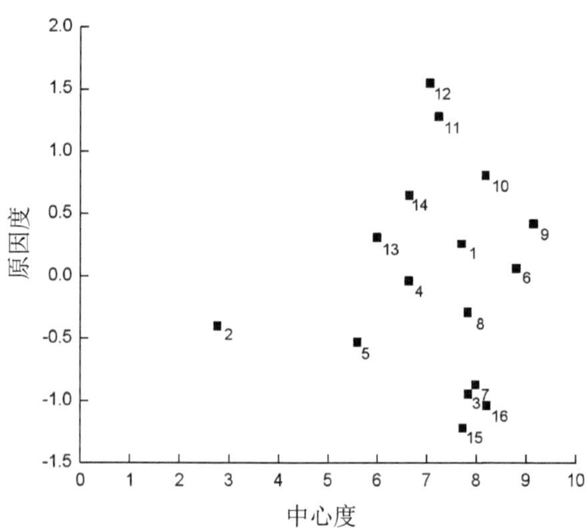

图6-1 高职院校教师企业实践笛卡尔原因-结果图

三、研究结果与分析

（一）影响度分析

高职院校教师企业实践各阻力因素对其他阻力因素影响程度不一。其中，企业遴选质量对其他阻力因素的影响度超过了 4.50；专业与产业契合度、企业实践内容、发展规模与生产经营条件的影响度超过了 4.0，低于 4.50；专业与企业契合度、企业实践经费、核心保密技术、教师解决问题能力与企业实践待遇高于 3.50，低于 4.0；企业工作经验、任教课程、接收教师实践成本、社会责任意识高于 3.0，低于 3.50；教学任务与家庭状况影响度最低，分别为 2.53 与 1.88。

依据影响度可见，高质量的企业有利于高职院校教师企业实践效果。在学校层面，不少高职院校虽然执行教师企业实践的制度与规定，但对教师专业的契合度，对企业内部管理模式、工作环境、技术工艺、生产经营与效益、发展规模等没有进行详细的了解与考察，同时也缺乏教师企业实践的质量监督机制与评价反馈机制，这些因素不仅映射了企业遴选质量，同时也直接影响了教师参与企业实践的效果与动力。在企业层面，社会责任意识的缺失与核心技术保密制度制约了教师在企业实践中的理论水平与技术提升。当前，高职教师企业实践形式主要以短期培训、轮岗培训、观摩培训、脱岗培训等为主，通过“师带徒”方式提升教师实践操作能力。企业在此过程中不仅要耗费技术师父的工作时间与精力，也增加了生产场地与设备利用的成本，一旦企业生产经营遇冷，社会责任缺失与行业趋利性就会迫使教师企业实践中断。此外，核心技术的保密使教师难以深入生产一线学习新技术与新工艺，于是，整个流程成了走马观花，技术技能学习成效大打折扣。总体而言，企业遴选质量涉及企业生产经营、规模、管理等方方面面，对企业类型、效益的考察也成为高职院校选择企业的重要考察因素。

（二）被影响度分析

高职院校教师企业实践影响因素被其他因素影响程度存在较大差异。其中，教师解决问题能力的被影响度最高，超过了 4.50，证明该因素受其他因素影响较大；其次为接收教师实践成本、企业实践待遇、企业实践内容、企业遴选质量、企业工作经验与企业实践经费均高于 4.0，低于 4.50；专业与企业契合度、专业与产业契合度高于 3.5，低于 4.0；任教课程、教学任务与核心保密技术均高于 3.0，低于 3.50；发展规模、社会责任意识与生产经营条件均高于 2.50，低于 3.0；家庭状况的被影响度最低，为 1.58。

在教师维度层面，教师解决问题的能力、企业工作经验、专业与企业契合度均反映了教师自身专业知识素养与教师专业知识在实践中的应用能力。而教师专业能力低下是制约企业接收教师参与实践，影响实践效果的重要因素。因此，唯有找到提升高职教师专业知识与素养的办法，才能降低其参与企业实践的阻力。同时，部分高职院校教师受任教课程与教学任务量的影响，参与企业实践的精力大打折扣，造成教师参与企业实践的动力缺失。在学校维度层面，高职院校要完善校企合作机制，注重校企合作中企业实践待遇、内容、企业质量、实践经费、专业与产业契合度等方面的问题，在与合作企业充分协调、平衡双方利益的前提下，为参与企业实践教师提供经济支持与利益保障，激发教师下企业的内部动力。此外，高职院校所设专业要紧密结合合作企业类型，将实践内容与教学内容相对接，提高教师实践内容与院校专业的衔接度。在企业维度层面，企业实力受制于企业发展规模、生产经营条件等。实力较强的企业能够为参与实践教师提供技术指导师父、设施设备及场地，有效提升高职院校教师教学能力与技术指导能力，使教师了解当前企业岗位需求与前沿设备、技术的使用现状。

（三）原因度分析

在原因因素中，企业发展规模的大小对其他因素的影响最大，其次为生产经营条件，两者均在 1.0 以上。专业与产业契合度、核心保密技术均高于 0.50，低于 1.0；企业遴选质量、社会责任意识、专业与企业契合度、企业实践内容均高于 0.00，低于 0.50。在结果因素中，任教课程、企业实践经费与家庭状况受其他因素制约较大，分别为−0.04、−0.29、−0.40；其次为教师解决问题的能力与接收教师成本，分别为−1.04 与−1.22。

从企业维度来看，发展规模较大、实力较强的企业更有利于教师参与企业实践。生产规模较大、发展理念先进的企业认识到与高职院校合作带来的优势与利益，通过企业实践既可为企业提供师资、培训等方面的服务，同时还为高职院校教师提供学习新知识、新技术、新工艺的平台，将企业的趋利性与学校的公益性最大化。而生产经营条件较差的企业并不热衷于与高职院校合作培养教师。一方面要考虑到岗位安排、食宿、设施设备的占用带来的成本，另一方面还要防止核心技术的泄露。因此，企业发展规模、发展理念、生产经营条件与社会责任意识程度对高职院校教师参与企业实践有着重大影响。

从教师维度来看，教师自身专业应与企业性质、实践内容、实践形式相适应。与教师专业对口的企业实践能使教师更容易将自身的专业理论知识与所学操作技能相结合，往往达到事半功倍的效果；如果盲目进入企业学习与实践，不考虑自身的专业性，则容易导致教师企业实践的形式化。此外，教师任课教程的安排与解决问题的能力取决于学校对教师教学工作的安排与对教师培育的重视程度。为保障高职院校教学质量，高职院校教师既要承担繁重的教学任务，又要分出精力去企业实践，不仅达不到企业实践对教师能力的提升，更会增加教师参与企业实践的负面效应。

从学校维度来看，高职院校缺乏参与企业实践的教师标准，应根据专业学科的差异、教学需求制订符合不同专业教师的企业实践计划、实践形式、实践内容等。对于长期需要上手操作的教学，学校应选派符合标准的教师进行系统、长期的企业实践与学习，并聘请企业师父协同教师参与学校教学；对于理论性质较强的专业教师，则更应注重课堂教学的内容与形式，并安排这类教师进行短期的企业实践活动。此外，部分高职院校缺少经费支撑，增加了教师个体在参与企业实践中的成本，造成了主客体积极性都不高的被动局面。

（四）各因素中心度

根据笛卡尔原因 – 结果图的中心度可以看出，推动高职院校教师企业实践的关键点主要集中于企业遴选质量、企业实践内容、教师解决问题能力、专业与产业契合度、企业实践待遇、企业工作经验、企业实践经费、接收教师实践成本、专业与企业契合度、生产经营条件与发展规模等方面。因此，从学校方面，高职院校在校企合作中应注重合作企业的质量、规模与专业契合性，制定符合教师专业发展的实践内容，保障企业实践教师薪资待遇。从教师方面，要摆正参与企业实践的态度，通过企业实践来提高自身解决问题的能力，增加企业工作经验，逐步实现向“双师型”教师个体过渡。从企业方面，要增强社会责任感，使自身实力与合作院校深度对等，才能够使高职院校教师真正在企业实践中受益。

第二节　高职院校教师企业实践动力机制的构建

教师企业实践是推动“双师型”教师队伍建设的重要举措，通过企业实践不仅能够提高教学能力和专业技能，也能加强学校与企业之间的联通互动，在学校与企业间架起桥梁，为学生就业提供一定的帮助。教师水平对一个学校来说至关重要，教师企业实践能够提升高职院校的核心竞争力，培养社会需要的技术技能型人才。有学者认为：“教师企业实践对于解决我国就业问题、增强企业竞争力、提高社会生产水平，甚至推动社会经济发展都有重要的意义。”近年来，我国经济发展进入新常态，产业结构不断优化升级，新兴产业不断兴起，各行各业逐渐从劳动密集型向技术密集型、知识密集型转化。基于此背景，有学者认为：“高职教育作为我国高等教育的重要组成部分，担负着为生产、建设、服务和管理第一线培养高质量、技术应用型专门人才的重要任务。加强‘双师型’教师队伍建设，既是提升人才培养质量的关键要素，也是其基本保障。”自 2006 年《关于全面提高高等职业教育教学质量的若干意见》颁布以来，我国积极推进教师企业实践，虽然取得了一些成果，但同时也有许多需要改进与完善之处。因此，需通过构建高职院校教师企业实践动力机制化解教师企业实践中的阻力，并将阻力转化为动力。

一、政策制度保障机制

完善的制度体系是推进校企合作中教师顺利参与企业实践的重要保证。近几年，我国虽然陆续发布一些关于教师企业实践的政策规定，在总体上起到了指导作用，但由于地方教育部门、高职院校和企业之间对于教师企业实践没有具体的可行性的政策文件，相关的政策法规、保障制度不够完善，导致高职院校在与企业的合作上比较盲目，实际的实践活动可行性不强。因此，完善教师企业实践制度迫在眉睫。

（一）构建多主体合作制度体系

首先明确政府、职业院校、企业在这项工作中各自的责任、权利和义务。政府牵头起主导作用，通过调研了解当前校企合作、教师企业实践的情况及问题，充分了解各方面的宏观需求，制定相应的政策。职业院校对政府出台的政策细化，探讨出教师企业实践的可行性方案。积极动员学校老师对制定的政策给出意见，反复修改尽以可能满足学校、教师、企业三者要求。教育部门也应成立对应的管理机构，将校企合作以及教师企业实践纳入日常工作流程中，并与企业和高职院校统一意见，对教师的企业实践活动进行科学合理的规划。建立考核监督及奖励体系，多劳多得，鼓励教师参与到实践活动中。此外，在合理范围内必须要给予企业足够的话语权，让企业能够真正地接纳教师[①]。企业的合作是落实教师企业实践的关键，企业在制度建设上直接影响了教师企业实践制度建设的质量以及实际工作的开展情况。目前，作为主体的企业在教师企业实践制度的参与力度远远不够。企业需要积极地进行制度建设，与政府、职业院校通力合作推进教师企业实践制度的落实。政府、职业院校和企业相互协作、各司其职，教师企业实践工作才能环环相扣形成一个完整的体系。

（二）教师专业与企业实践岗位相匹配

教师企业实践岗位与其专业应该相匹配，唯有如此，教师才能快速适应、融入企业，在企业学习技能并为企业提供帮助。实现教师专业与企业实践岗位相匹配需要各方面的支持，而政府发挥着重要的作用。政府应该建立专门机构负责教师企业实践、统筹安排职业院校教师到与其专业对接的企业岗位实践，同时也应该对企业做好引导，鼓励符合条件的企业主动找职业院校进行合作，充分发挥职业院校和企业的优势。企业提供技术支持而职业院校提供理论支持，形成长期持久的校企合作关系，在企业实践开始前对作为主体的教师和企业进行充分的调查，对实践教师的专业进行分析，准确找出相适应的企业和岗位群。去企业实践的教师也应该参与这个过程，来选择企业及相应的岗位。职业院校和企业应充分尊重教师的意见并在适当的空间内给予其自由选择的权利。

（三）完善教师资格和聘用制度

在我国，职业院校的教师都接受过理论教育但却缺乏实践经验，因此对于培养学生职业技能的职业院校来说提高教师经验和技能是非常重要的。在国外，职业院校教师大学毕业后需要到企业工作一定年限，然后再去教学，定期去企业进

①Teng J Y.Project Evaluation：Methods and Applications[D].Keelong：National Taiwan Ocean University，2002.

修，学习新技能。相比较，我国职业院校教师缺乏实践经验也缺乏企业实践的机会。在整个教师的培养和聘用的过程中应该将教师企业实践经历列入其中，只有通过企业实践的补充和完善，教师的专业技能才能得到提升并且紧跟时代发展，才有能力去培养学生。基于目前情况，职业院校不可能有大量具有丰富经验的教师，可以一边让教师去企业实践一边聘请企业优秀的员工作为兼职教师，让企业和职业院校在相对稳定的情况下实现交流。因此不断完善教师资格和聘用制度，是促进教师企业实践的重要保障。

（四）完善教师企业实践法律法规

法律法规是教师企业实践制度最根本、最权威的保障。通过立法来明确各方的权利与义务，保障各方面的权利得到落实，约束各方履行相应的责任，确保教师企业实践制度体系有效性及教师企业实践顺利实施。《教育部关于建立高职院校教师到企业进修制度的意见》《教育部财政部关于实施高职院校教师素质提高计划的意见》《教育部、财政部关于组织实施高职院校专业骨干教师培训工作的指导意见》等文件强调了专业技能课教师每 3 年到企业生产一线的实践时间不少于 6 个月。在制定相应政策上各地区重视程度与经济情况相关，经济较发达的地区地方法律法规制定得比较完善，相应的设计和运作都投入了大量的人力物力，以保障教师到企业实践的顺利开展。

（五）加强保障和激励政策

有学者表明，高职院校教师赴企业实践如果要取得较好的效果，不仅需要企业、学校和教师共同努力，还需要政府机关和管理部门提供有效的激励办法和政策保障。因此政府应与具有一定实力和资质的企业协商，接纳职业院校的教师进行企业实践。对积极主动进行合作的企业给予相应的优惠政策和经济支持。对拒绝接收教师企业实践的企业给予一定的处罚。政府还可以设立专项基金，并将这笔钱交到学校手里让学校获得主动权，学校可以选择合适的企业进行教师企业实践试点，并将这笔钱用来资助合作的企业。这样一来，提高了企业对于教师企业实践的积极性，主动找到学校进行合作的企业也多了，在教师实践的过程中对于教师薄弱的地方能给予细致的指导，拉近了学校和企业的距离，在一定程度上也弥补了教师企业实践中可能给企业造成的损失。除了政府，学校还应制定相应的激励机制来提高教师参与企业实践的积极性，认真落实国家关于职业学校教师参与企业实践的相关规定。同样，学校也应该在教育部门的支持下制定出合理完善的激励制度，将教师的企业实践工作纳入绩效考核中，让教师意识到企业实践是工作的重要组成部分。政府提供资金的同时，在社会上开辟多种途径筹集资金，可以以个人捐助、企业捐助和社会募捐等形成保障教师企业实践中职业院校、企业、教师的积极性，激励各方面相互协作使实践效果达到最佳并实现共赢。

二、实践效果评价机制

教师企业实践中的问题和效果需要给予评价。评价不是终结性的结论，而是通过评价对存在的问题加以重视分析，寻求方法，不断完善教师实践。有学者认为教师企业实践过程需要加强监督指导，健全实践过程中的监管制度。在教师到企业前，根据企业的实际情况、岗位特点结合自身与企业共同制订完善的计划，包括实践目的、起止时间、具体内容等。在实践期间，教师要和企业员工一样严格遵守企业的各种规章制度，服从企业和学校的安排，认真完成实践任务。实践教师应该定期向企业和学校汇报实践进展，有问题及时向企业和学校反馈以确保实践顺利实施。学校还可以不定期地检查教师的实践状况。实践结束时，企业和学校应对教师的实践表现进行客观的评定。做好职业院校教师企业实践评价方案是必要的，评价方式也是多种多样的。

（一）建立教师企业实践考核体系

建立教师企业实践考核体系能够督促和激励教师。教师企业实践考核的内容具有多样性。考核内容包括了解企业的生产组织方式、工艺流程、产业发展趋势等基本情况，熟悉企业相关岗位职责、操作规范、技能要求、用人标准、管理制度、企业文化等，学习所教专业在生产实践中应用的新知识、新技术、新工艺、新材料、新设备、新标准等。教师企业实践的形式包括到企业考察观摩、接受企业组织的技能培训、在企业的生产和管理岗位兼职或任职、参与企业产品研发和技术创新等。鼓励探索教师企业实践的多种实现形式。

（二）建立教师企业实践评价体系

对于教师绩效的管理，许多研究者运用了企业中的 KPI 评价体系。KPI 全称为关键绩效指标，是通过对组织内部某一流程的输入端、输出端的关键参数进行设量、取样、计算、分析、衡量流程绩效的一种目标式量化管理指标，是一种把组织的战略目标分解为可运作的远景目标的工具，是组织绩效管理的基础，是管理学理论中关键结果领域理论和目标管理理论相结合的产物，是目前国际通行的组织经营绩效成果测量和战略目标管理的工具。KPI 各级考核指标的选择遵循 SMART 原则。S（Specific）—具体的：指标要切中特定的工作目标，应该适度细化，并且随情境变化而发生改变；M（Measurable）—可度量的：指标或者是数量化的，或者是可行为化的，验证这些指标的数据或信息是可获得的；A（Attainable）—可达到的：指标在付出努力的情况下可以实现；R（Realistic）—实际的：指标是实实在在的，可以观察到的；T（Timebound）—时限性：指标是有时间限制的。将 KPI 引入教师企业实践考核中，构建教师企业实践评价体系。充分考虑到实践教师应该具有的专业技能，明确实践的重点。考核指标依据不同的专业实践分别从企业岗位责任、职业技能、教学能力、等方面来评价。针对每个维度制订具体的目标，保证目标的可度量性，在教师的能力范围内、在实际的实践过程中可以观测到并且规定的时间内需要完成。希望以 KPI 的形式将教师企业实践中需要评价的内容规范化，使考核和评价有章可循。

（三）校企联合建立评价制度

职业院校和企业是教师企业实践的两大主体，对于实践教师的评价需要二者的共同参与，使实践效果尽可能满足职业院校和企业双方的要求。具体操作可以从诊断性评价、过程性评价和终结性评价三个方面来着手。诊断性评价：教师进入企业具体到岗位之前针对教师的技能水平从理论和实操方面作一次评价，确定教师的已有水平，在此基础上制订相应的培养目标，针对教师的薄弱点进行重点培养。过程性评价：这部分主要由企业负责，教师实践期间，企业对教师进行质量监控，针对出现的问题采取应对措施确保培养目标的实现。终结性评价：在教师企业实践结束后，对教师的教学项目完成情况进行评价，依据设定的培养目标从 4 个维度进行评价。当然终结性评价并不是就结束了，这只是这一个阶段的最终结果，同时也是下一阶段的起始点。世界日新月异，科技迅速发展，教师企业实践不是一次性工夫，而是一个连续不断的过程。

三、校企合作深化机制

职业院校教师到企业实践的工作，如果要长期有效地开展下去，除了要有完善的制度体系和评价体系，还需要与企业有着紧密的联系以获得企业的支持。为了保证教师企业实践的效果，首先要选择好的合作企业。好的合作企业必须要有相当的规模，在本地要有典型性和行业代表性，同时还要符合高职院校的专业和科研要求。这样的企业能够为高职院校提供教师和学生实习实训的场所，可以提供实践经验丰富的企业兼职教师，还可以提供企业最新发展动态和人才技能需求情况。符合标准企业可以为高职教师带来良好的实践环境，使高职教师更深刻地了解企业，使高职院校的专业建设符合产业、行业要求，培养出符合社会需要的人才。高职院校可以为企业提供员工专业知识培训，可以用专业的理论知识帮助企业发展。只有在这种互利互惠的关系中，才能使学校和企业双方积极主动地长期开展企业实践工作。

（一）多元校企合作方式

为了更好地开展高职教师企业实践工作，校企合作应紧密联系、默契配合，向全面化、多样化发展。双方可以通过多种多样的方式建立联系，在专业建设上，学校可以广泛听取企业的意见，了解社会需要什么样的专业技能人才并与企业共同制订培养方案；在师资培养上，通过教师企业实践来不断加强与企业的联系，有分歧的地方相互协商共同解决；在教学上，学校聘请企业兼职人员来校教学，请企业优秀员工给学生做讲座；在学生实习上，可以通过顶岗实习的方式，既为企业减轻成本又能让学生学到技术；在科研上，学校教师利用理论优势与企业进行合作，努力研发出供市场认可的新产品。通过这些合作方式，加强校企合作最终实现学校、企业、教师、学生的多方共赢。

（二）建立校企合作平台

当前，企业在校企合作中表现出来的消极和不作为已然成了职业院校教师企业实践的重要阻力因素。职业院校认为企业在接受教师实践方面不够主动、不够积极。虽然表面配合，但实质上并不愿意让教师来企业实践。有些愿意合作的企业有不同的看法，企业并非不愿意接收前来实践的教师，而是觉得有些教师无法端正态度，拒绝受企业管理制度的束缚，有的不愿意吃苦，厌倦到生产管理一线体验，甚至有的还抱有消极心理，态度怠慢。企业与学校是不同的，每天的运作都会产生大量的费用。所以建立有效的合作机制，搭建校企合作的平台以供校企合作使用，但平台的建立需要各方面的努力，政府需要进行宏观调控，出台有利政策和切实可行的办法激励企业。例如可以使用减免税费、资金补贴等办法，以补偿教师在企业实践中对企业所造成的资源和费用损耗，让企业充分认识到与职业院校合作并不会为自身带来不利影响，反而会享受到政府层面的政策福利，从而调动其参与校企合作的主动性和积极性；学校也应该与企业协商，将教师企业实践与学生顶岗实习相结合；学校教师应该意识到企业实践对自身专业发展的帮助，谦虚踏实地进企业实践并遵守企业的规章制度。企业也应认真评估当前校企合作为自身带来的有利影响，提供优质实践岗位和资源，使前来实践的教师得到高水平的实践体验和锻炼，同时也能带来更先进的理论知识并参与企业技术的研发、项目的合作，为企业吸引更多的优秀项目和优秀人才，这样也为职业院校教师参与企业实践提供更好的服务。

四、教师参与激励机制

（一）提高教师企业实践的主观能动性

教师要根据自己的专业需要，选择适合实践的工作岗位或岗位群，设置好自己的工作任务和完成进度。目前，专业教师在参与企业实践的过程中比较盲目、主动性不高、不听从安排。教师个人要认识到，参与企业实践能极大地提升其业务水平，增加实际操作经验，积累丰富的经验并将其与自身的理论知识相结合，在课堂教学时将在企业的实践内容有意识地糅合到教学过程中来，不仅能丰富自身的专业素养和专业水平，还能提高教学能力和教学质量。

（二）高度重视教师企业实践的经费投入

职业院校要制订合理的经费使用方案，为参与企业实践的教师提供相应补助，例如餐饮及交通补助，同时还要保障教师去企业进修时所需的经费。企业也有义务提供相应比例的经费支持，政府部门也要对企业提供适当的税费补贴等优惠政策。教师本人也要从思想、态度和行动上给予高度重视。充足有效的经费能够保障高职院校教师参与企业实践的效果。

五、实践规划构建机制

尽管一些院校已经对教师参与企业实践的重要性有了深刻的了解，可是并没有作出总体规划，实践目的并不明确，完全是盲目开展。职业院校应该从教师企业实践培养目标、实践原则、实践模式和实践管理 4 个方面总体规划教师企业实践。

（一）目的与任务设计

教师首先对企业要有基本的认知。高职教师在企业实践时，应充分了解企业经营情况，熟悉生产流程，把握行业技术发展走向，研究企业需求何种专业人才和对工作岗位的评估，提出符合实际专业发展的培养方向，为提升教学水平、开拓专业发展作出有利贡献。与企业进行深度而专业的合作，利用自身理论优势承担起技术攻关的任务，为校企合作穿针引线。

（二）实践原则

专业对接原则。教师企业实践的内容应与教师的专业和学校教学相衔接，实践的主要目的是提升教师教学水平，教师所从事的专业要和实践岗位相对应，这样能保证实践经验在教学中得到有效应用。

先进性原则。参与企业实践要深入了解企业的运行内容，了解生产技术，把握行业发展动向，为人才培养和地方社会经济发展提供有力帮助。

（三）模式设计

顶岗作业模式。企业根据教师的专业方向来分派具体的任务内容，教师通过负责分派的项目来进行实践锻炼。在真实的操作岗位中提升专业技能，顶岗时间不宜太长，教师熟悉了之后可以向技术含量更高的方向实践。

兼职模式。教师可利用业余时间在企业兼职工作。这样在时间上就很灵活，更多的教师有机会在企业进行兼职。兼职可以长期合作，教师能不断地了解企业动向，把握行业发展的趋势，不断提高自身的理论知识和专业素养，促进专业发展。

学生实习指导模式。教师可以利用指导学生企业实习的时间参与企业实践。既可以管理在企业学习的学生，又能够促进自身发展，对于学生和自身的问题可以及时发现并与企业沟通。

（四）管理设计

学校可以选派合适的教师到企业，也可以制订出方案后由老师自行申请，在不影响学校教学的情况下选择最合适的教师去企业实践。制订计划时应充分考虑到学校、企业和教师的时间安排。切实可行的监管策略能有效保障教师企业实践的质量。针对教师企业实践的不同阶段制订相应的监管方案。准备阶段，监管教师根据企业的认知程度制订企业实践的具体方案；实施阶段，监管教师的实践实施情况，对有困难的地方及时给予指导；评价阶段，依据目标对教师实践结果进行考核，教师提交实践结果进行实践汇报。评价具有导向作用，评价的目的是有效推动教师企业实践的发展。

第七章 职业院校教师企业实践制度运行研究

制度是由一系列规则构成的体系，是各类社会存在之间的各种关系的具体反映和有效体现。广义的制度指一个社会为确定人们之间的相互关系而设定的一些约束规则；狭义的制度指正式约束及其结构化的规制形式，特别是社会组织机构及其内部成员共同遵循的行为规则。从表面上看，职业院校教师企业实践制度属于狭义上的职业教育组织制度，但由于职业教育自身存在类型特征的内在规定性，职业院校教师企业实践制度直接涉及企业这个密切关联的社会主体，也自然会融入社会制度体系。制度一经制定颁布，就对某一岗位上的或从事某一项工作的人员有约束作用，成为其行动的准则和依据。制度建设是通过组织行为改进原有规程或建立新规程，追求更高效益的过程，包括制定和完善制度、保证制度正常有序运行两个方面。因此，在制度建设实践过程中，我们既要注重制度的不断完善，也要注意制度的正常有序实施。职业院校作为一个完整的职业教育组织，既有责任和义务落实教育部制定的职业院校教师企业实践制度，也有责任建立健全学校内部的教师企业实践制度，并强化制度运行工作。需要强调的是，制度没有最好，只有更好，制度建设永远在路上。职业院校唯有加强教师企业实践制度运行工作，才能不断发现问题，解决问题，确保教师企业实践制度逐步健全和完善，在促进教师专业发展和职业教育发展、提升教育质量中发挥应有的作用。

第一节　职业院校教师企业实践制度运行现状

一、问卷的设计与实施

（一）问卷设计

职业院校教师到企业实践是提高职业院校教师专业技能的有效途径之一，该项工作能顺利开展的首要条件是需要一套行之有效的运行制度。从 2005 年国务院颁布《关于大力发展职业教育》的决定开始到 2016 年教育部等七部门印发关于《职业学校教师企业实践规定》的通知以来，基本勾勒出我国职教教师企业实践的制度框架和“应然要求”。本章通过调查了解教师企业实践制度在职业院校中的实际运行状况，旨在深入了解职业院校教师企业实践制度运行的“现实状态”，进而确定其与“必然要求”之间存在的差异，为完善职业院校教师企业实践制度奠定基础。

本研究根据职业学校教师企业实践要求，并结合近年来职业院校教师企业实践实际情况，从教师企业实践意愿、方式、内容、管理、政策激励、效果等方面设计了《教师企业实践问卷（教师版）》，使用 SPSS17.0 统计软件和 Office 办公软件对调查数据进行分析。较全面地反映了职业院校教师企业实践制度的运行现状。

（二）调查实施

本研究选取河北省及其周边省市的 10 所职业院校教师为样本，给所在学校各专业的专业课教师、文化课教师、学校相关领导发放问卷，共发放出问卷 300 份，回收问卷 275 份，回收率 91.6%，其中有效问卷 240 份，有效率 80%。问卷调查均采取不记名填写形式。

二、调查结果分析

问卷运用 SPSS17.0 统计软件和 Office 办公软件对数据进行分析。为了比较全面地了解职业院校教师企业实践的基本情况，问卷除了分别从实践意愿、方式、内容、管理、政策激励、效果、评价等方面进行统计外，还对教师从性别、年龄、工龄、学历、当前职级等教师的基本结构方面进行统计。

（一）职业院校对教师企业实践制度运行准备及组织分析

职业院校对教师企业实践制度的运行准备及其组织分析主要是分析职业院校对企业实践制度的认知水平。职业院校对企业实践制度的认知水平又可以从两个方面进行考察：一是职业院校对教师企业实践的了解程度，二是职业院校对教师企业实践的重视程度。

从表 7-1 中可以看出，在被调查的 10 所职业院校中，78.8% 的职业院校有学校层面的教师企业实践锻炼制度规定或者具体的管理办法，仅有 19.1% 的职业院校没有统一组织教师参与企业实践。在各个职业院校的教师企业实践管理规定中，又发现只有大约 55.0% 的院校对参与企业实践的教师给予相关补助，补助标准各个学校有所不同。部分院校虽然没有一定额度的补贴，但是可以对教师参与企业实践锻炼期间所产生的食宿费用、交通费用进行报销。在被调查的学校中，有 35% 的学校对新任专业课教师参与企业实践锻炼的工作有强制性要求，要求专业教师岗前或者岗后第一学期必须参加学校组织的企业实践锻炼，参与企业实践锻炼时间累积不少于 3 ～ 6 个月，否则，不能参加教学工作。

从调查结果来看，绝大部分职业院校对专业教师企业实践都非常重视，在组织教师参与企业实践锻炼方面表现非常积极，也出台了相关的企业实践管理规定和激励办法。

表7-1　职业院校的教师企业实践规定

	有	没有	不了解	合计
人数	189	46	5	240
百分比（%）	78.8	19.1	2.1	100

（二）教师对企业实践制度运行认知及预期分析

所谓制度运行认知及预期，是指教师对企业实践效果、企业实践目标达成的预测以及对企业是否提供必要支持等的宏观把握。

根据表 7-2 可知，不同年龄段的教师对企业实践的了解情况存在较大差异，其中中年教师对企业实践相关规定的熟悉程度高于年轻教师。

表7-2　不同年龄段教师对教师企业实践相关规定的了解情况

年龄（岁）	非常清楚		不了解		不知道		合计	
	频次	占比（%）	频次	占比（%）	频次	占比（%）	频次	占比（%）
26 ～ 30	8	17.8	7	15.6	30	66.7	45	18.7
31 ～ 35	10	24.4	15	36.6	16	39.0	41	17.1
36 ～ 40	8	28.6	10	35.7	10	35.7	28	11.7
41 ～ 45	20	50.0	15	37.5	5	12.5	40	16.7
46 ～ 50	25	62.5	10	25.0	5	12.5	40	16.7
51 ～ 60	16	34.8	23	50.0	7	15.2	46	19.1
合计	87	36.2	80	33.3	73	30.4	240	100

不同授课类型教师对教师企业实践相关情况的了解有所不同，其中专业实践课教师比较了解或熟悉相关规定，而专业理论课老师对教师企业实践的了解最差，竟然有 59.8% 的老师就根本不知道教师企业实践相关规定，专业实践课教师中也有 35.8% 的教师并不知道企业实践相关规定，该项文化课教师仅占 18.2%，这是一个值得关注的问题从中也可以看出，在职业院校中，教师企业实践并未得到重视，更谈不上推广了。具体情况详见表 7-3。

表7-3　各种授课类型教师对教师企业实践相关规定了解情况

教师类型	非常清楚		知道但不太了解		不知道		合计	
	频次	占比（%）	频次	占比（%）	频次	占比（%）	频次	占比（%）
专业理论课	10	12.2	23	28.0	49	59.8	82	34.1
专业实践课	35	43.2	17	21.0	29	35.8	81	33.8
文化课	15	19.5	48	62.3	14	18.2	77	32.1
合计	60	25.0	88	36.7	92	38.3	240	100

从表 7-4 可以发现，关于不同职称层次教师对教师企业实践相关规定的了解情况，“非常清楚”者占 20.8%，“知道但不太了解”者占 68.8%，“不知道或

者没听说过”者占 10.5%。而不同职称层次教师之间存在较大差异，其中副高职称教师对教师企业实践的相关规定了解程度最高，其次是中级职称教师，而初级职称教师对相关规定了解程度最差。

表7-4 不同职称教师对教师企业实践相关规定的了解程度

职称	非常清楚		知道但不太了解		不知道		合计	
	频次	占比（%）	频次	占比（%）	频次	占比（%）	频次	占比（%）
初级	2	2.7	70	93.3	3	4.0	75	31.3
中级	15	19.0	49	62.0	15	19.0	79	32.9
副高级	30	45.5	31	47.0	5	7.6	66	27.5
正高级	3	15.0	15	75.0	2	10.0	20	8.3
合计	50	20.8	165	68.8	25	10.5	240	100

对于“您是否愿意参加企业实践”问题的回答：“很想参加”的人占 50.8%，“想参加但是没有时间”的占 40.2%，其余则是不想参加的。从调查数据可以看出，有超过半数的教师对企业实践制度和有关政策规定都有一定的了解。同时，职业院校教师在参与企业实践锻炼方面也有着较强的主观意愿，对企业实践锻炼持积极态度。

关于教师参加企业实践情况，有 64.0% 被调查教师选择“参加过”，还有 37.0% 的教师从未参加过企业实践。关于职业院校如何安排企业实践，有 56% 的教师选择所在学校统一安排，自己自由安排占 28%，不清楚的占 9%。根据调查数据可以看出，有企业实践经历的职业院校教师人数占到半数，而且在安排教师参与企业实践工作方面，主要是职业院校承担相应责任，但教师凭借个人社会关系主动与企业联系从而参与企业实践的能力也可作为重要补充。

关于教师企业实践周期的期望，从表 7-5 中可以看出，有 66.2% 的教师选择一个月左右的时间，即短期培训式的企业实践，只有 4.2% 的教师选择半年左右的长期培训，且女教师更喜欢一个月左右时长的企业实践，选择半年的仅占 1.8%。这大概与女教师有更多的家庭责任有关，也反映出教师企业实践一次连续时间不宜过长，一个月是比较合适的。

表7-5　教师企业实践时长期望

性别	1个月左右		2个月左右		3个月左右		半年左右		合计	
	频次	占比（%）	频次	占比（%）	频次	占比（%）	频次	占比（%）	频次	占比（%）
男	39	52.7	16	21.6	12	16.2	7	9.4	74	30.8
女	120	74.5	21	13.3	22	13.3	3	1.8	166	69.2
合计	159	66.2	37	15.4	34	14.2	10	4.2	240	100

关于教师企业实践安排期望时段，表7-6显示，有76.7%的教师希望企业实践安排在正常工作时间，且其中女性教师更强烈，高达85.5%；只有12.5%的教师希望将企业实践安排在双休日；9.6%的教师希望将企业实践安排在寒暑假，极个别老师对此无所谓。现实的情况是，各职业院校因师资不足，只能将教师企业实践安排在寒暑假或双休日，而双休日企业一般安排休息，导致教师企业实践“名存实亡”。

表7-6　教师企业实践安排期望时段

性别	工作期间		双休或节日		寒暑假		没想过		合计	
	频次	占比（%）	频次	占比（%）	频次	占比（%）	频次	占比（%）	频次	占比（%）
男	42	56.8	16	21.6	16	21.6	0	0	74	30.8
女	142	85.5	14	8.4	7	4.2	3	1.8	166	69.2
合计	184	76.7	30	12.5	23	9.6	3	1.2	240	100

关于教师在企业实践锻炼的形式，表7-7显示，有26.2%的教师期望接受企业组织的技能培训，高达37.9%的教师期望以兼职或任职生产管理岗位的方式参与企业实践，而只期望到企业考察观摩的教师高达23.8%，只有12.1%的教师期望参与产品研发和技术创新，这也与教师期望企业实践的途径和周期相一致。

表7-7　教师期望的企业实践形式

企业实践形式	人数	占比（%）
接受企业组织的技能培训	63	26.2
兼职或任职生产管理岗位	91	37.9

续表

企业实践形式	人数	占比（%）
到企业考察观摩	57	23.8
参与产品研发和技术创新	29	12.1
合计	240	100

关于教师企业实践的目的，表7-8显示，目的在于“熟悉岗位操作流程”和“熟悉企业前沿技术”分别占23.8%和23.3%，“了解企业职业道德要求”占22.5%，“了解企业生产技术工艺”和“了解企业文化”的分别占18.3%和12.1%。可见职业院校教师参与企业实践最主要的目的是掌握技术工艺，而不只是浅尝辄止地参观了解。

表7-8 教师企业实践的目的

主要目的	频次	百分比（%）
了解企业生产技术工艺	44	18.3
了解企业职业道德要求	54	22.5
了解企业文化	29	12.1
熟悉岗位操作流程	57	23.8
熟悉企业前沿技术	56	23.3
合计	240	100.0

关于“教师企业实践过程中，校企双方是否有切实可行的培训方案”的问题，选择“有，但是不具体”的占48.2%；选择“不清楚”的占35.3%；选择“没有”的占13.1%；选择“有，且具体”的占3.4%。进一步访谈中我们了解到，教师在企业实践过程中多数名义上有企业师父带着，但实际上基本上是走过场。

关于“对教师企业实践考评”，选“根据学校相关考评制度考核”的占63.2%；“依据教师完成项目的效果考核”的占26.6%；“没有考核”的占10.2%。

可见，教师企业实践的目的是比较明确的，且最主要的目的是熟悉企业生产技术、工艺，这为教师将企业实践所得转化为教学资源奠定了基础，并且多数老师清楚自己的教学所需，会根据自己的需要确定切实可行和实用的企业实践内容，这将极大地促进教师企业实践锻炼水平的提高。但是学校对教师企业实践的考核主要是通过教师定期向学校汇报工作或是学校领导电话回访，没有实质性约束机制，缺乏考核的具体内容和标准，尤其是没有针对具体专业的考核办法，势必会削弱教师企业实践的积极主动性，更易导致教师企业实践流于形式。

关于教师企业实践对教师专业发展的作用，53.6% 的人选择了“有点作用”，31.3% 的人选择“作用很大”，15.1% 的人选择“不起作用”。关于教师企业实践对教学的作用，51.1% 的人选择了“有很大帮助”，42.3% 的人选择 “稍有帮助”，6.6% 的人选择“几乎没有帮助”。表明教师真切体会到教师同企业实践能给教学带来积极效果。与此同时，进一步访谈还发现，教师企业实践的次数越多，对教学的积极作用越显著，而仅参加一两次企业实践的教师觉得对教学的促进作用并不大。但是多次参加过企业实践的教师又普遍反映，要想真正融入企业非常困难，重复参与企业实践的效果有限。由此可以看出，企业实践效果与安排的企业实践锻炼时间和形式有很大的内在联系，如果时间过短，形式单一，实践效果甚微，如果企业实践时间过长，重复劳动，时间效果仍然有限。可见，教师企业实践时间安排也不宜过长。

（三）企业对教师实践制度运行的态度分析

关于企方对教师参与企业实践的态度，表 7-9 显示，选择“企业热情不高”的占 46.2%，选择“企业敷衍了事”的占 20.8%，选择“热情很高”的仅占 32.9%，而且不同职称教师感觉到的企业对教师企业实践的态度也有所不同：初级、副高以及正高职称教师普遍认为企业对此实践热情度不高，中级职称教师认为企业对教师企业实践热情很高。这是一个值得深究的问题，具体情况详见表 7-9。

表7-9　企方对教师企业实践的态度

职称	敷衍了事		热情不高		热情很高		合计	
	频次	占比（%）	频次	占比（%）	频次	占比（%）	频次	占比（%）
初级	20	26.7	43	57.3	12	16.0	75	31.3
中级	10	12.7	21	26.6	48	60.8	79	32.9
副高级	18	27.3	33	50.0	15	22.7	66	27.5
正高级	2	10.0	14	70.0	4	20.0	20	8.3
合计	50	20.8	111	46.2	79	32.9	240	100

对于“在实践过程中，企业不愿意接收教师企业实践的原因”问题，33.1%的教师选择了“企业因担心影响企业的正常生产经营秩序”，30.0%教师选择了“企业需承担安全责任”，24.2%的教师认为是因为“教师企业实践给企业带不来什么经济收益”，还有一部选择了“无经济效益，防止技术泄密”，也有一部分教师在实践过程中意识到政策层面缺乏对企业的有效激励。数据表明企业接收教师企业实践热情不高、积极性不强，实际中企业消极对待教师企业实践，更缺乏对参加企业实践教师的适当指导、正面引导，多数企业表示之所以接收教师企业实践是碍于面子，如此的教师企业实践其效果可想而知。

总体来看，政府层面和职业院校层面对教师企业实践非常重视，各种职业教师企业实践制度和办法也趋于规范，但调查结果也反映出一些深层次的问题。由于问题在短期内没办法得到有效的解决，导致职业院校教师企业实践制度运行效能很低，尤其是企业对该项制度认可度不高，缺乏有效配合，导致总体上教师企业实践工作阻滞，教师融入企业困难重重，专业技能的提升效果不明显。

第二节　职业院校教师企业实践制度运行问题及原因

一、职业院校教师企业实践制度运行中存在的问题

研究表明，职业院校教师企业实践制度在运行过程中暴露出了很多问题：职业院校教师企业实践时间安排与学校的日常教学时间之间存在冲突；企业对参与企业实践教师的专业素养期望与教师实际专业水平之间存在偏差；职业院校和教师对企业实践期待过高与企业缺乏热情形成鲜明对比。这些问题既反映了制度本身不完善，又说明了制度运行没有充分考虑各个主体之间的相互配合。这些问题的解决，需要明确政府、职业院校、教师和企业四方所存在的问题，进一步追究深层次原因，以便厘清各方职责，促进职业院校教师企业实践制度有效运行。

（一）职业院校教师企业实践制度配套机制不够完善

职业院校教师企业实践制度运行效率不高的首要原因是促进职业院校教师企业实践制度的配套机制不完善。到目前为止，最为完善的教师企业实践制度是2016年5月教育部、国资委等七部委正式印发的《职业学校教师企业实践规定》

（简称《规定》），该规定的一大亮点是促进了企业实践的制度化和系统化，比如在企业实践经费来源方面主张建立专项基金，在保障教师合法权益方面主张办理教师意外伤害保险，在监督考核方面主张建立实现有效的教师企业实践考核和登记，在鼓励企业接收教师企业实践方面主张减免税收等。但是根据对多个职业院校相关管理人员访谈得知，关于由谁来管理专项基金、由谁来负责督查处理教师意外伤害保险和具体税费扣除制度等办法，无论是国家政策层面还是省市级相关规定层面都没有明确的说明。因此，政策宏观性问题依然突出，在此国家政策前提下，地方政府和职业院校制定的具体规定和实施办法缺乏可操作性也情有可原。因此，使得职业院校教师企业实践制度的运行不能尽如人意，企业态度消极，教师认识不足，学校敷衍了事。因而职业院校教师企业实践制度的有效运行任重而道远。

（二）行业企业参与教师企业实践制度运行配合度不高

（1）企业对教师企业实践持消极态度。企业性质和学校性质本质上存在差异。企业是以营利为根本目的的趋利组织，经济效益是它存在的关键；学校是以培养能够致力于建设社会主义现代化的人才为根本目的的公益组织，社会效益是其存在真正意义。一直以来，职业院校教师企业实践被社会赋予太多责任，比如可以作为企业的经济软实力，协助企业进行技术研发，提高企业经济效益等。但是由于社会竞争日益加剧，企业基于自身知识产权和技术专利等的种种考虑，不愿意接收教师企业实践。很显然，这与企业缺乏共赢意识和长远发展眼光以及人才市场化等因素直接相关。另一方面，根据访谈结果得知，参与企业实践的教师短期内不能很好地融入企业进行生产运作，因此不能为企业带来一定的效益，更谈不上对企业生产技术改造、工艺改进会有什么贡献，不仅影响到企业的正常生产秩序，而且企业为了配合职业院校不但需要承担额外的人力物力，还会担忧企业技术机密外泄。正因为存在以上问题，企业在应对教师企业实践的态度上表现异常消极。

（2）企业参与教师企业实践深度及资源贡献有限。职业院校教师企业实践对职业教育的发展极其重要。职业院校教师满心期待进入企业进行实践锻炼，以期提高自身专业素养，但调查研究表明，由于经济、地域、政策等原因，职业院校专业众多，很难找到完全符合职业院校教师企业实践的企业，而对于经济不发达的地区来说尤为难觅。可以说，教师对中长期驻扎企业进行相关技术学习的期待被短期企业观摩考察所取代，教师想通过企业实践提升其实践技能的愿望落空也就不足为怪了。显然，这与没有足够的、符合要求的企业资源以及企业敷衍教师实践有直接的关系。

（3）企业对教师参与企业实践的管理机制缺失。企业作为职业院校教师企业实践管理的另一个重要主体，在管理教师企业实践的过程中不仅没有制定专门的管理办法，而且没有配备专门管理人员。除此之外，行业企业与职业院校缺乏沟通，企业未能与职业院校一起深度地参与实践计划的制订，缺乏独有的企业实践过程指导办法，无力参与教师实践结果考核。在企业实践过程中，教师处于放任自由状态，使得职业院校教师企业实践效果受阻①。调查结果表明，绝大多数职业院校教师企业实践的管理规定都是学校单方面制定的，没有与企业之间达成任何协定，造成制度运行的偏差也就在所难免了。

（三）职业院校组织实施教师企业实践基础薄弱

除配套机制不完善与企业参与配合度不高以外，职业院校组织实施教师企业实践配套条件不成熟同样制约着职业院校教师企业实践制度运行。根据调查表明，虽然大部分职业院校每年都会组织教师到企业实践，但是由于职业院校普遍存在教师编制不足、专业教师数量严重不足等问题，一方面造成专业教师参与企业实践的时间有限，另外一方面使得绝大多数教师不得不选择双休日、节假日，特别是寒暑假参与企业实践。资金上，虽然政府大力发展职业教育，已经划拨了职业院校教师企业实践相关经费，但是由于国家还没有建立体系健全的教师企业实践培训经费筹集制度，地方教育部门很难持续、足额地给予财政支持，因此教师企业实践的经费仍然严重不足，部分职业院校没有对参加企业实践的教师给予相关补贴。教师的工资组成主要是基本工资加上绩效工资，绩效工资主要来源于教师的课时费，然而教师参与企业实践必然造成课时量的减少，如果学校将教师企业实践的时间安排在寒暑假，那么在实践期间的学习、住宿、交通等费用又得不到补贴，教师压力可想而知。由于企业实践经费入不敷出，教师没有得到应有的补贴或者补贴不到位，致使原本收入就不高的教师

①丁馨.高职院校教师企业实践管理的改革——基于“政校企师”四方联动模式[J].哈尔滨职业技术学院学报，2015（5）：10-11.

觉得压力大，很大程度上影响了教师企业实践的积极性，使得教师们表现为“不愿意”到企业实践。处于企业实践核心的教师，如果在有关教师企业实践问题上的思想认识不到位，主观能动性不强，那么最终必然导致教师企业实践流于形式，企业实践制度运行必然受阻。

（四）教师参与企业实践认知缺乏

职业院校教师参与企业实践积的极性不高体现在教师主观上实践意识淡薄和客观上缺乏监督考核。

（1）教师主观上企业实践意识淡薄。作为企业实践核心的职业院校教师，在思想上，对企业实践工作认识不到位，主观能动性不强，表现为不愿意到企业实践。在教师角色定位上比较模糊，很容易产生高或过低的期待，当这种期待难以实现或不具挑战性时就会严重影响教师工作的积极性。当企业对教师有过高期待而教师自我感觉无法达到企业要求时，通常觉得自己不得志，认为学校没有给自己提供更好的实践平台，充满了消极情绪。当企业对教师期待过低时，参与企业实践的教师又会觉得自己能力有限，担心无法达到专业化成长目标，在实践活动中缺乏自信，没有斗志，往往会产生畏难情绪逃避工作。在个人能力方面，新任教师专业知识与技术有限，容易产生畏难情绪。通过调查和访谈得知，绝大多数职业院校教师是直接来源于师范类院校，他们拥有较高的知识和理论水平，但在实际操作过程中缺乏经验，应用能力缺失，不能快速融入生产实践过程中。

（2）教师企业实践客观上缺乏监督考核。近年来，国家大力发展职业教育，职业院校每年都在扩大招生规模，导致教育资源相对短缺，专业课教师数量与职业院校学生增长规模不匹配，职业院校专业教师数量不能完全满足日常的教育教学。调查发现，参与企业实践的教师在校课时量多，再加上批改作业、指导实习实训等，教育教学任务繁重之余往往需要牺牲正常的备课时间或者休息时间，而同时这些时间损耗的又得不到相应的工资补偿，致使教师企业实践工作实效性差。然而在访谈中发现，教师在企业实践工作中存在以上问题主要是因为没有相应的监督考核机制，教师出于侥幸心理，没有正确看待企业实践工作。

二、职业院校教师企业实践制度运行问题成因

（一）政府高效统筹协调能力尚待加强

（1）相关配套政策跟进不畅。教师到企业实践不仅仅是教育部门的事情，还应该需要发改委、人事、劳动、工商、财税等部门的配合。职业院校教师企业实践工作相关政策缺失导致制度不够规范，存在较大缺陷。例如，实践经费如何落实、实践企业如何选择、如何进行监督考核等诸多方面，还缺乏统筹安排。现行职业院校教师企业实践制度的运行基本上处于一种无序状态，具有很大的随意性。职业院校教师企业实践制度的运行需要外部环境的优化，政府需要完善相关法律法规，加大宣传力度，有效统筹发改委、人事、劳动、工商、财税等部门。

上级政府相关政策跟不上，就会影响下级教育部门对职业院校教师企业实践制度的制定。访谈部分教师发现，部分地区职业院校认为省（市）教育厅并未下发职业院校教师企业实践实施方案等相关方面的文件，而职业院校教师企业实践具体实施方案对教师企业实践工作的开展起着引领作用，有了实施方案，职业院校领导才能有效开展教师企业实践活动，才能更明确职业院校教师企业实践工作的具体形式与内容，才能有效制定适合院校发展的教师企业实践工作办法，最终实现教师企业实践制度的规范化，使教师企业实践工作朝着标准化轨道运行。

（2）主管领导重视程度不够。根据调查访谈得知，部分职业院校主管领导对教师企业实践重视程度不够，表现在时间安排、教师选派、企业选择方面随意性很大。调查同样显示，存在随意性的原因是一部分学校认为省市级并没有成立职业院校教师企业实践领导小组，另一部分学校认为省（市）教育厅并没有设置职业院校教师企业实践中心，还有一部分学校认为省市上级行政部门并没有下拨教师企业实践的专项经费，没有设立下企业教师编制。

总的来说，上级主管部门领导重视程度不够会导致一系列问题，首先没有专门的组织机构，其次缺乏专项经费，然后对专业教师缺乏统筹安排，就会从整体上影响着职业院校教师企业实践制度的有效运行。制度的完善需要各级主管领导加强重视，也需要职业院校在企业实践的工作过程中不断提出修订与补充建议，进而实现职业院校教师企业实践制度的全面性，最后有计划、有组织地开展教师企业实践工作。

（二）行业协会和企业参与动力不足

重效益轻培养，企业担负着教师企业实践的场地制度建设任务，是实践安排和后勤的保障主体，负责教师的实践安全、管理和考核工作，可以说行业和企业是教师企业实践制度能否顺畅运行的关键因素，但是企业是以营利为目的的社会经济组织。由于教师实践能力不足，服务企业能力有限，所以教师参与企业实践在短期内会影响企业生产的有序进行，自然会增加生产成本。加之，由于国家对企业利益补偿机制的缺失，企业往往基于自身利益的考虑，在其利益诉求得不到满足时，表现出参与度普遍不高，甚至干脆拒绝接纳教师到企业实践。

（三）职业院校对教师企业实践管理缺失

（1）职业院校对教师企业实践的管理不够规范。职业院校对教师企业实践的管理，会直接影响教师企业实践制度的执行力度。职业院校既是构建教师到企业实践的桥梁，也可能成为阻碍教师企业实践的鸿沟。客观上，近年来职业院校招生规模有所增加，专业教师教学任务量随之增加，导致难以抽出教师参与企业实践；主观上，部分职业院校对教师企业实践不够重视或认识存在偏差，认为教师到企业实践就是到企业了解情况，没有服务企业的意识。

（2）职业院校对教师企业实践的监督考核不及时。职业院校对教师企业实践监督考核，会影响教师企业实践制度执行的效果。调查发现，许多职业院校从未制定过教师企业实践的监督考核制度，个别学校从未对参与企业实践的教师进行过考核。从访谈中得知，一些开展过教师企业实践工作的职业院校，学校领导并不知道教师企业实践的考评体系，参与企业实践的教师在职称评定上也没有政策倾斜等，这些问题是开展一项工作急于解决的问题，而由于监督不完善，导致职业院校对教师企业实践制度的考核也不及时甚至缺失。

（四）教师监督考核机制不健全

监督考核机制是确保职业院校教师企业实践制度有效运行的重要保障，对提升职业院校教师企业实践制度运行效率具有极其重要的意义。调查表明，绝大多数职业院校尚未意到识监督对教师企业实践制度运行的重要性，抑或还没有形成一整套比较成熟的监督制度。根据访谈得知，部分职业院校管理者已经意认识到建立教师企业实践制度运行监督考核机制对下企业的教师加强监督管理，确保企业实践成效极其重要，但其监督机制还很不完善，还停留在学校相关部门领导定期去企业体察实践教师或者间接地通过电话、邮件等方式了解教师的企业实践情况；职业院校对参与企业实践的教师还没有具体可行的考评环节和考评制度；县级以上教育主管部门对教师企业实践的监督力度更是弱之又弱。所谓无规矩不成方圆，任何失去监督考核的制度都不能有效运转。

总而言之，我国职业院校教师企业实践制度在具体运行实施过程中存在着不同程度的困难和阻力。

第三节　促进职业教师企业实践制度有效运行策略

促进职业院校教师企业实践制度的有效运行是一项社会系统工程，不仅要关注政府和企业层面，还应重视职业院校和教师主体层面。应从政府层面、行业企业、职业院校和教师 4 个不同角度，全方位、多角度强化职业院校教师企业实践制度的有效运行。

一、政府层面

职业院校教师企业实践制度的有效运行需要政府部门在战略上的统筹规划以及企业和学校在战术上的具体精准实施。从这个意义上来说，政府应承担起重要责任，在这项综合性任务中起到主导作用。

（一）优化职业院校教师企业实践制度架构

目前我职业院校教师企业实践制度的组织架构尚未真正建立，在责权利方面还比较模糊，所设定的零星激励原则也有失公平。可以预料，随着教育部等七部委印发的《职业学校教师企业实践规定》的实施，其缺陷还会在其他方面表现出来，势必会影响教师企业实践制度的运行效果。为了更好地协调社会各方利益，体现社会公平，实现政、校、企的深度融合，维护社会稳定，加快发展现代职业教育，就需要促进制度之间的相互衔接，完善落实相关配套措施。

当前，我国社会正处在转型期，职业教育也必须适应社会发展需要，因此，许多职业院校尤其关注教师专业发展，对教师企业实践配套制度完善的要求比以往任何时候都更为强烈。诚然，改革开放以来，我国职业教育法制化建设突飞猛进，但职校教师企业实践法制化进程严重滞后，相关配套制度供给明显不足，导致职业院校教师企业实践缺乏长久性和有效性，甚至流于形式。职业院校教师企业实践是一个涉及各级政府部门、行业协会、职业院校和企业等多个相关主体的系统工程，其中政府部门在这个系统工程中起到引导、扶持、协调、监管等作用，行业协会起业务指导、组织协调等作用，职业院校和企业则是执行主体，在这个系统工程中需要构建教师企业实践的相关配套制度，如工作制度、保障制度、协调机制和风险规避制度。督促相关制度的有效落实，进一步明确各主体的责、权、利，做到企业和院校平等协商、对等交流、责任共担、资源共享、利益分享。

职业院校教师企业实践制度并不是孤军奋战，需要整个社会的大力支持，因此协调好与其他制度的关系，以期获得合力效应，从根本上打破制度运行不畅问题十分重要。应在国家层面制定职业院校教师企业实践制度的基础上，各省（市）应针对本省市职业院校的实际情况，组织相关职能部门制定相应的地方配套措施，并积极引导职业院校结合本校实际情况制定教师企业事件具体办法。需要努力在实践内容上做到职业院校教师普遍实践与专业课教师重点实践相结合，在实践形式上做到积极探索其他实践形式，在实践管理上做到部门主导与部门联动相结合，在实践责任上做到学校负责与行业企业互助相结合，加强政策协调和责任主体的整体联动，尽量从各个层面上分散教师企业实践制度运行的压力，发挥教师企业实践制度的综合效应。

（二）加快教师企业实践制度法制化进程

职业院校教师企业实践制度是促进职业院校教育质量提升，保障职业院校教师专业发展的有效途径，也是企业履行社会责任提供公共服务的重要体现，更是企业获取储备人才的关键环节，它应是一个统筹兼顾职业院校、行业企业和教师长远发展的体系。这一制度的完善和创新离不开法律法规的规范，离不开《职业教育法》的完善。《职业教育法》中明确规定社会组织有接纳职业院校教师或学生进行职业技能培训的义务，但是没有明确该社会组织是什么，也没有明确说明不履行该项义务应该承担什么责任，因此要解决这一问题必须修订《中华人民共和国职业教育法》或者地方职业教育校企合作法规，要求企业必须接纳职业院校教师走进企业，为教师企业实践活动提供必要的支持；要求政府向企业提供具体优惠政策和经费支持；规定职业院校颁布具体措施加强管理；规定教师企业实践是职业院校教师继续教育的必须内容，不是去企业盖个章而已，实质性地将专业技术职务评聘和工作绩效考核挂钩。使职业院校教师企业实践制度得到法律的支持并成为刚性规定。

二、行业企业层面

企业是职业院校教师企业实践的主要场所，行业和企业应在教师企业实践发展问题上承担更多的责任。企业是我国职业院校教师企业实践制度的承接机构，制度能否得到有效实施，企业承上启下的执行与配合起到了至关重要的作用。

（一）建立共赢机制

所谓共赢就是指在处理双边和多边关系时，在相互信任的基础上，通过各方相互理解、相互支持、换位思考，使双方或多方的利益分配趋于合理化。企业作为职业院校教师企业实践制度有效运行中最重要的一环，应该主动地承担起自己的责任，要明确企业的长远发展离不开参与企业生产中的每一个个体，只有每一个个体自身得到长足发展，这个企业才能获得源源不断的生机。因此有必要建立共赢机制。职业院校教师参与企业实践从更长远来看是利大于弊的，对企业的技术革新有着重要的推动作用，企业充分挖掘专业教师潜能，将企业的技术研发与职业院校教师课题相结合，提升职业院校教师创新能力的同时，有利于提高企业核心竞争力。因此企业应该转变自身发展观念，在追逐效益提高的同时接纳人才，为长远发展奠定基础。

（二）发挥行业协会“引力效应”

行业协会是介于政府与企业之间的、脱离政府机构管理的、企业生产者与经营者之间的非政府组织。行业协会作为非政府组织，是沟通政府与企业的桥梁，一方面代替企业向政府传达请求，另一反面代表政府向企业传达要求，这样不仅有利于规范本行业的生产行为，而且利于政府对市场内的企业进行法律约束和政治管辖。由此可见，行业协会是协会内企业成员的支柱，它的一举一动是协会内成员的风向标。因此发挥行业协会的“引力效应”极其重要，区域内行业组织与职业学校深入沟通、磋商、联动的基础上以组织化、群体化的形式，将行业内的企业组织起来，形成一个强大的整体，然后作为这个整体的代表有组织、有计划地统一生产经营活动。

三、职业院校层面

职业院校是教师的管理者，也是教师企业实践制度的执行者和监督者，是职业院校教师企业实践制度行之有效与否的关键。

（一）倡导多样化的教师企业实践形式

教师企业实践与教学工作、企业生产之间矛盾重重，解决教师企业实践与教学工作之间存在的矛盾冲突，职业院校首先得鼓励多样化的教师企业实践形式，灵活性的企业实践形式可以确保教师正常教学。

现阶段我国职业院校教师企业实践的形式主要包括到企业观摩考察、接受企业组织的技能培训、带学生到参加企业生产见习和实习等。在职业院校教师看来，参与企业实践是为了获得实践经验和技能，解决理论脱离实际的问题，为了丰富教学案例，为了实现技术研发与教学内容的有效对接，所以企业实践形式必须有所创新。

由于专业性质的差异性，引进企业的方式也不同。如对于职业院校计算机专业而言，“引进企业”或许只需要由职业院校出资提供企业所需的生产设备，为企业提供生产场地，将一部分企业的日常生产活动引进学校，然后与企业之间签订协议，允许教师参与企业生产项目，由企业提供技术支持，这种教师实践形式对学校、企业、教师三方都有好处。首先由职业院校出资提供生产设备和场地节省了企业的大部分开支。其次教师企业实践场所就在职业院校里面，实践和教学可以同时进行，对教师来说产生了极大的便利。最后对于学校而言，教师企业实践效果显著，专业能力大幅度提升有利于对学生的教学，学生掌握专业技能可以更好地与岗位对接，提高了职业院校的教学质量。

促使教师企业实践与学生顶岗实习的有机结合。职业院校教师企业实践制度与学生顶岗实习制度有很多相似之处，首先就制度运行中存在的问题而言，职业院校教师参与企业实践和学生顶岗实习的积极性都不高，企业在教师企业实践和学生顶岗实习中的配合度有限，教师企业实践和学生顶岗实习评价体系、权益保障机制欠缺。其次就这两种制度的融合基础而言，一是地点相同，职业院校教师企业实践地点在企业，学生定岗实习也是在企业中进行；二是目的相近，都是为了提升专业技能，教师为了更好地教学需要提升专业技能，学生为了更好地与企业岗位对接需要提升专业技能；三是方法类似，都是由政府发布指导性文件，职业院校组织，企业配合。故而可以考虑将职业院校教师企业实践制度与学生顶岗实习制度融合，寻求最有效的融合方式策略。合理安排二者下企业的时间，强化顶层设计，促使教师企业实践与学生顶岗实习有机结合。

（二）建立信息化管理平台做好实践企业选取工作

首先，由政府为主导制定和完善企业实践信息化政策体系，开发利用信息资源，建设企业实践信息网络，推进信息技术应用，建立企业实践信息化管理平台，对教师企业实践的内容、形式、时间、方法等进行系统监控，确保每一个环节都在制度框架内透明化地运行。其次由职业院校牵头组建教师企业实践指导委员会，指导委员会成员应该包括各地教育主管部门、人事劳动部门、职业院校、行业协会、优秀企业，由职业学校选取适合本校专业要求的企业，交由企业实践指导委员会备案，再由委员会申请政府相关部门解决企业实践基地确定问题，实践企业应首选国有大中型企业，同时兼顾小型民营企业，以互相选派人员进行科技转化等形式实现合作。尤其是要鼓励各行业企业积极参与，形成制度，相互沟通协调建立信息共享平台，整合行业企业信息，拓宽教师企业实践路径，便于教师就近选择适合自身专业性质的优质企业进行实践锻炼。同时鼓励企业主动邀请与企业生产项目有关的职业院校专业骨干教师进入企业进行技术合作，协同企业进行产品研发。

（三）积极发挥学校协调作用并建立专岗制度

所谓专岗即是教师到企业实践，要选择相关企业行业，实现与岗位的对接。由于地域、政策、经济等因素，不同职业院校的专业设置有很大不同，不同专业任课老师对企业的要求也有所不同，因此职业院校要积极发挥学校的协调作用，作为实践运行的主体要担负起自身的职责，负责联系企业，跟企业进行深入沟通、充分推进校企合作的达成并负责制订教师企业实践的计划，组织教师到企业实践，在时间、人员、数量和实践内容方面作出合理安排。为教师企业实践提供强力支持。首先，职业院校课根据学校具体情况自行联系相关企业，在企业选择方面，优先考虑行业翘楚，或者与企业建立校企合作关系，有针对性地共建实践岗位，确保教师可以多样化、层次性地选择企业实践去向；其次，学校和企业共建校合作办公室，共同筹划设立校企合作专职人员，目的是将教师企业实践具体安排纳入学校管理范畴，减少教师自行联系企业所产生的非必要成本投入[①]。不提倡教师自行联系实践企业，也可以杜绝教师企业实践的随意性，也可以加强对下企业的教师的统一管理。

职业院校要制订具体工作方案，联合教育主管部门同意确定对口企业、统一组织实施教师到企业实践。升级职业院校对教师到企业实践工作，制定本校教师到企业实践的实施办法、配套措施和整体规划。教师到企业实践，要选择相关企业行业，实现与岗位的对接，围绕实际教学活动深入企业实践，职业院校联合地方各级统筹安排，有计划地安排文化课教师、专业课教师和相关管理人员定期到企业实践，为了近期目标作出长远规划，在突出重点意义上的专业骨干教师的培养要格外关注。职业院校教师到企业实践的基本指导原则要遵循政府统筹、地方细化、全面推进、突出重点、立足企业，专业对口、深入一线，注重实效等原则。

（四）协同教师企业实践监督考核

职业院校应协同企业制定教师企业实践监督考核办法，细化考核标准。职业院校明文规定考核等级，将考核等级分为三个层次，即优秀、良好、不合格。职业院校在专业教师企业实践结束后，根据教师企业实践任务的完成情况和学习成果进行考核。除此之外，职业院校必须与教师和企业一起商讨考核权重，明确何为优秀，优秀的考核标准有哪些。比如，优秀的最重要的考核标准是首先服从职业院校的组织安排，其次是快速熟悉并遵守企业的各项规章制度，在企业岗位上积极勤奋、刻苦钻研、尽忠职守，能够在规定时间内完成实践工作，能力素质突出；良好与优秀相比差一个等级，最重要的原因是能否按时完成企业实践任务；不合格的最重要的考核标准是是否未经批准，擅自离开工作岗位而且没能完成企业派发的实践任务，在企业实践工作中投机取巧给企业带来巨大损失。根据考核做好教师企业实践成绩认定，专业教师在企业实践结束后，回到学校由学校根据教师考核成绩给予适当奖励或者将实践考核结果纳入教师专业发展档案，作为学期考核和职称评定依据。在企业实践考核过程中被认定为不合格的专业教师，除了相关待遇不能充分享受外，而且永不能加入职称评定行列。专业教师在企业实

① 陈海明 . 基于 KPI 的高校教师绩效评价体系研究 [J]. 科技通报，2015（4）：258-260.

践中由于个人过失，不按照要求进行机器操作造成企业经济利益损失，影响校企合作计划的，教师个人除了承担相关责任外，院校还会出台相关处罚措施。另一方面职业院校还可以协同企业制定完善的第三方监督考核制度，承诺由第三方对专业教师企业实践动态进行管理与考核，杜绝职业院校和企业插手，避免影响到监督考核的客观性，进而形成高效运转的考核管理机制。

四、教师层面

政府、企业及职业院校政策层面上所有促进教师企业实践的举措，归根到底都要通过职业院校教师这个主体来实现。如果作为教师企业实践内因的教师本身没有企业实践的意愿和接受能力，那么前三者再好的举措都难以起到实效。所以在促进该群体专业能力发展的综合性任务时，应重视职业院校教师这个主体的重要作用。

（一）更新职业发展观念

职业发展观念是一个人对职业的认识和态度以及对职业目标的追求和向往。职业院校教师要培养积极的职业发展理念，提高自身职业能力。首先，职业院校教师要认识到企业实践的重要性，积极参与教师企业实践工作，教师到企业实践有利于知识体系的完善和职业能力的全面发展；其次，职业院校教师要明确到企业实践的目的，做好个人规划，使教学内容与生产密切结合，增强教育教学的针对性；最后，要强化自身权利保护意识，坚定企业实践信心，职业院校教师参与企业实践既是权利也是义务，因此职业院校教师参与企业实践有必要强化自身权利保护意识。教师参与企业实践是国家大政方针的要求，是职业院校的规定，有权利在参与企业实践之前与企业之间签订相关协议确保在企业生产实践中的安全权不受侵害。

（二）实践中端正学习态度真正融入企业

在企业实践过程中职业院校教师要从传统被动性专业发展向自主性专业发展转变，积极转变角色，以企业员工的身份努力融入相关企业，和企业建立并保持良好的互帮互助学习关系，在企业中培养主人翁意识，将企业的可持续发展作为自己下企业实践的目标。一方面，在遵守企业的规章制度下能够配合企业管理人员承担企业要求的咨询和培训任务，避免迟到、早退、无故旷工等不利于企业文化发展的现象；另一方面，能够将课程开发与企业实践相糅合，在实践中领悟课程，带着课题项目参与企业实践，在企业实践中丰富和创新课题内容，以适应教学需要。

（三）反思内化实践成果

教师在企业实践中受到的职业技能培训和企业文化熏陶的最终目的是将这些职业素养运用到教学实践中去，在教学过程中潜移默化地传递给学生，但知识的转化需要一个过程，因此就需要教师在实践后期积极反思，结合学生实际情况因材施教将企业实践成果转化为课程资源，并为下一轮企业实践做好准备。

第八章
研究结论与展望

与普通教育不同，职业教育旨在培养高素质劳动者和技术技能人才。职业教育的类型特征决定职业院校需要大量的“双师型”教师，而“双师型”教师需要通过企业实践来培养，此乃构建职业院校教师企业实践制度及其运行机制的逻辑起点。纵观我国职业院校教师企业实践制度经由萌芽期、建立期进入了完善期，但在政府、院校、企业、教师等诸多方面还存在亟待破解的难题，需要建立配套的督查机制，增强制度的强制性、激励性和权威性。本研究虽然历时 4 年时间，取得了一些研究成果，但今后仍有诸多工作需要持续进行。正如本研究一直强调的，职业院校教师企业实践制度没有最好，只有更好，永远在路上。

第一节　研究结论

通过多年的调查分析与实践探索，本研究获得如下主要结论，可供职业院校加强教师企业实践制度及其运行参考，供政府相关部门制定相关政策参考借鉴。

一、教师企业实践的国际经验

职业教育发达国家普遍重视职业教育教师的实践经验，不仅对职教教师的职前教育资格设有严格门槛（具有一定企业生产），而且有完善系统的逐级培养方案，每一级均设有资格考试，只有考试合格才能进入下一级。尤其注重生产实践能力和相应专业的教育教学能力的培养，最后还要通过严苛的选拔程序才能获得教职。为了让职教教师的知识结构和职业技能水平跟得上时代的步伐，职业学校教师还要不间断地参加有关新规范、新专业知识、新技术以及计算机技术等的在职培训，确保职业教育教师所讲授内容的先进性。

二、我国中职教师的企业实践

（1）教师企业实践的必要性基本达成共识。各级政府、教育部门及中职学校领导、教师对教师企业实践提高中职教育水平已达成共识，并提出了具体要求，在很大程度上推动了中职学校专业课教师企业实践。同时，在上级部门的政策支持之下，越来越多的中职学校开展了比较广泛的教师企业实践的活动。

（2）在政府的多项政策制度的支持之下，许多中职学校在专业课教师企业实践方面进行了有益的探索，也取得了一定的成果，但仍存在许多的问题，诸如教师企业实践相关制度仍不够健全，企业实践的实效性尚未得到充分体现，企业实践的监管不到位，专业课教师企业实践的主动性不强以及校企合作关系有待加强等。

（3）职业学校、教师及企业是中职学校专业课教师企业实践的主体，任何一方出现问题都将影响企业实践的顺利开展。学校对教师企业实践的不重视、教师积极性低以及企业对教师企业实践的抵触是造成教师企业实践难以落实的根本原因。

（4）中职学校应当结合自身实际寻找有效的办法，通过完善企业实践的配套制度、建立健全的监管体系、鼓励教师积极参与到企业实践中以及不断寻找合适的合作企业等措施，切实解决中职专业课教师企业实践问题，提高中职教育教学质量，以增强中职教育的吸引力。

三、我国高职教师的企业实践

目前存在的主要问题是，首先，政府层面的相关配套政策不够完善，对企业实践的具体落实缺少监管。其次，物流企业层面能够为教师提供的实践机会较少。再次，职业院校对教师企业实践重视度不够；学校生师比较大，教师工作压力大；对教师企业实践缺少规划管理，教学与实践工作安排不合理引发冲突，对教师企业实践效果缺少考核监管。最后，教师自身企业实践的积极性不够高。

针对出现的问题，在分析问题原因的基础上提出了相应的解决策略。首先，政府层面应该完善配套制度保障教师企业实践的顺利运行，并制定一定的激励措施提高各个环节教师企业实践的积极性。其次，物流企业与学校共同搭建物流企业合作网络，为教师企业实践提供足够的岗位和机会，并努力构建校企合作的双赢体系，实现企业与高职院校互惠互利。职业院校应该努力从 5 个方面完善教师企业实践：第一，充分认识高职物流管理专业教师企业实践的重要性，鼓励教师积极参与企业实践；第二，按标准生师比配备足够的专业教师，减轻教师工作压力；第三，制订物流管理专业教师企业实践规划，明确实践内容和实践目标；第四，完善物流企业实践管理体系明确教师权益与责任，提升教师企业实践的积极性和自觉性；第五，落实物流领域企业实践评价考核。最后，教师自身要端正企业实践的态度，做好实践规划，将教师企业实践与自己的职业发展相结合，并积极进行教师企业实践反思。

四、教师企业实践阻力因素与动力机制

影响职业院校教师企业实践的阻力因素有16项，其中，教师的企业工作经验、

企业的核心技术保密是最大的两项阻力因素，其次是教师的家庭状况、教学任务，学校规定的教师企业实践内容、实践企业的选择质量、专业与产业的契合度，企业生产经营条件、教师解决问题能力、社会责任意识、接收教师实践成本、教师企业实践待遇等。基于职业院校教师企业实践的阻力影响因素，从教师维度、学校维度与企业维度构建了职教教师企业实践动力机制：在政策保障机制中，通过完善职教教师资格聘任制度、教师企业实践法律规制、建立教师实践企业遴选制度等方面保障高职教师企业实践的顺利实施；在实践效果评价机制中，通过建立教师企业实践考评体系，细化教师企业实践考评过程，强化企业实践考评结构，提升职教教师企业实践效果；在校企合作深化机制中，通过构建多主体合作体系，建立多元化合作方式，追求效益化合作效果，深化职教院校校企合作的效度与广度；在教师实践激励机制中，通过激发教师企业实践的内生动力与外部动力，提升职教教师企业实践的自我认知与现实发展。

五、教师企业实践制度及运行机制

研究发现，目前职业院校教师企业实践制度在运行过程中存在的主要问题有：职业院校教师企业实践时间安排与学校的日常教学时间之间存在冲突；企业对参与企业实践教师的专业素养期望与教师实际专业水平之间存在偏差；职业院校和教师对企业实践期待过高与企业缺乏热情形成鲜明对比。提出了落实各级政府职责、进一步优化职业院校教师企业实践制度架构、加快企业实践制度法制化步伐；建立企业共赢机制、发挥行业协会“引力效应”；鼓励职业院校发挥协调作用并建立专岗制度；教师在企业实践前期准备、中期融入、后期反思等具体建议，期望能完善职业教育教师培养培训制度，切实能打造出“双师型”师资团队，助力职业教育高质量发展。

总之，教师定期企业实践，是促进职业学校教师专业发展、提升教师实践教学能力的重要形式和有效举措。职业院校应当保障教师定期参加企业实践的权利。各级教育行政部门和职业院校应制定具体办法，不断完善教师定期到企业实践制度。教师企业实践是一项宏大的系统工程，需要各级政府、职业院校、行业组织、企业、职业院校教师、企业生产一线技术人员等多方协作配合，明晰各主体的责任和义务，建立职业院校教师企业实践制度体系，并确保高效运行，争取将我国的职业教育从以往的粗放式、规模化、普教化转向集约式、精细化、个性化、专业化，以满足我国产业升级需要。

第二节　问题与展望

一、研究不足

本研究调查范围涉及河北省邯郸市的三所中职学校、内蒙古自治区三所中职学校、河北省秦皇岛市三所中职学校和两所高职学院、天津市四所高职学院、山东省两所高职学院，研究样本范围还不够全面，尤其是由于受研究条件的限制，未能涉及珠三角、长三角等发达地区的职业院校，所收集的研究数据不够充分，如各省市职业院校教师企业实践的地方政策、各职业院校教师企业实践的具体办法未收集到，势必会影响研究结论的普适性。课题组成员多数未接受过职业教育，又少有机会体验职业教育，更无参加企业实践的经历，主要是以研究者的身份深入职业院校通过问卷、观察、访谈等途径了解职业院校教师企业实践情况，难免会出现偏差，与实际可能会有一定出入。

二、未来展望

2019 年 1 月国务院颁布的《国家职业教育改革实施方案》为未来职业院校师资队伍建设描绘了宏伟蓝图，特别是“双师型教师（同时具备理论教学和实践教学能力的教师）占专业课教师总数超过一半，职业院校教师每年至少 1 个月在企业或实训基地实训，落实教师 5 年一周期的全员轮训制度”等规定，必将有力推进职业院校教师企业实践制度的完善与运行。同时，国家将分专业建设一批国家级职业教育教师教学创新团队，也必将充分调动职业院校教师企业实践的积极性。立足本研究存在的问题，展望未来，我们认为，今后一段时间应将以下几个方面作为研究与实践的重点任务。

（一）加强配套政策研究

本研究结果表明，目前职业院校教师企业实践制度推进进程不尽理想，关键在于缺乏相应的配套政策。各级各部门应坚持以习近平新时代中国特色社会主义

思想为指导，逐步建立健全与职业院校教师企业实践制度相配套的相关政策。按照党的十九大提出的“完善职业教育和培训体系，深化产教融合、校企合作”的要求和《国家职业教育改革实施方案》的相关部署，将目前教育部等七部门颁布的《职业学校教师企业实践规定》由“部门制度”上升到“国家制度”，将相关内容纳入《职业教育法》或《教师法》，将其转换为国家一致，增强其权威性和统领性，使其成为职业教育行政部门和各级各类职业院校必须遵守的法律规章，成为职业院校教师从教的自觉行动。

（二）强化督导检查实践

本研究结果表明，目前教育部等七部门印发的《职业学校教师企业实践规定》对各级政府、省市级教育行政部门、行业主管部门和行业组织、企业、职业学校和教师都提出了明确要求，但由于缺乏必要的督查机制，使该制度的“强制性”不够。特别是部分地方政府教育行政部门还存在认识不到位、保障措施不到位等具体问题，直接影响了职业院校教师企业实践制度的实施效果。建议国家将职业院校教师企业实践制度落实情况纳入各级政府职业教育督导内容，建立对省级相关部门的督查和监控机制。同理，省级层面建立市级、市级建立县区级的督查检查机制，着力破解教师企业实践经费保障、时间保障等问题。各级各类职业院校要将落实教师企业实践制度情况纳入职业教育质量年报的内容，主动接受舆论监督和社会监督。

（三）全面提升社会认知

从表面上看，教师企业实践制度落实与否是职业院校的问题或是教师专业发展问题，但实际上是关联到加强校企合作、推进企业技术进步、提升职业教育质量的大问题，直接影响到促进民众就业再就业等民生工程的实施。各级各部门、各级各类职业院校均应按照习近平总书记提出的“深化产教融合、校企合作”的要求以及《国家职业教育改革实施方案》的相关部署，高度重视职业院校教师企业实践制度建立和完善工作，及时破解制度执行过程中遇到的各种问题，确保职业院校教师企业实践制度的有效实施。各级教育行政部门及各级各类职业院校要通过企业实践实现专业发展的先进典型，不断扩大教师企业实践制度的社会影响力，促进全社会共同关注职业院校教师企业的实践工作，进而形成推动职业教育发展的强大合力。同时，也为世界职业教育发展提供中国经验，贡献中国智慧。

参 考 文 献

[1] 闫志利，李欣旖，郎牧寒.高职教师企业实践的阻力因素与动力机制研究[J].黑龙江高教研究，2018（10）：126-131.

[2] 宋时雪，高忠明，倪山山.职业院校物流管理专业教师企业实践问题与对策研究[J].职业教育研究，2017（6）：39-42.

[3] 宋时雪，高忠明.基于能力差异的教师企业实践策略[J].交通职业教育，2017（4）：17-19.

[4] 宋时雪，高忠明，倪山山.实践导向的高职教学体系构建[J].广东交通职业技术学院学报，2017（4）：100-103.

[5] 吴佳露.我国职业院校教师参与企业实践制度的回顾与展望[J].河南科技学院学报，2016（8）：5-7.

[6] 李欣旖，闫志利.我国职教师资培育的制度演进、目标定位与范式转换[J].教育与职业，2018（3）：63-68.

[7] 刘晶晶，闫志利.基于德国经验的职教师资“三维一体”培养模式构建[J].教育与职业，2017（20）：85-90.

[8] 李欣旖，闫志利.个体与群体：双师型教师队伍建设的二维指向[J].职教论坛，2018（8）：64-70.

[9] 艾翠蓉.高职教师企业实践锻炼的现状与对策[J].武汉船舶职业技术学院学报，2013（2）：9-10，15.

[10] 陈晔.中职专业教师企业实践实效性研究[D].上海：华东师范大学，2009.

[11] 戴汉冬，石伟平.职业院校教师到企业实践存在的问题及建议[J].职教论坛，2015（2）：4-7.

[12] 党涵.澳大利亚职教师资培养培训的经验与启示[J].职业技术教育，2012（12）：76-77.

[13] 董仁忠，季敏，刘新学.江苏省中职教师企业实践政策执行情况调查[J].职业技术教育，2015（33）：38-45.

[14] 佛朝晖.职业学校教师企业实践的激励机制研究——基于组织激励理论[J].职

业技术教育，2017（16）：60-64.

[15] 佛朝晖.职业学校教师企业实践的国际经验与启示[J].教育与职业，2017（10）：42-46.

[16] 佛朝晖.中职教师到企业实践政策执行的现状与思考[J].河南科技学院学报，2014（6）：44-48.

[17] 付雪，孙日强.职业学校教师企业实践的规范化路径设计——美国俄亥俄州的经验与启示[J]. 中国职业技术教育，2016（36）：73-77.

[18] 高桂林.高等职业院校教师培训项目设计与实施研究[D].武汉：华中师范大学，2007.

[19] 郭松.青年教师实践教学能力提升的瓶颈及对策[J].教育教学论坛，2016（5）：273-274.

[20] 黄涛，王玉龙，顾容.中职教师职业延迟满足现状研究[J].成人教育，2014（3）：95-98.

[21] 黄兴建，黄殿辉，骆武伟.现代物流管理[M].成都：西南交通大学出版社，2008.

[22] 季敏.制约中职教师企业实践政策执行的企业因素[J].职教论坛，2015（28）：22-25.

[23] 贾文胜，梁宁森. 基于校企共同体的高职院校“双师型”教师队伍建设[J].中国高教研究，2015（1）：92-95.

[24] 亢利平.中职教师企业实践“四四三”模式构建[J].职业技术教育，2014（8）：73-76.

[25] 刘红委.职业教育教师企业实践方式及其特点分析[J].继续教育研究，2012（1）：66-68.

[26] 刘辉，李吉龙.中职专业课教师企业实践的监督博弈分析[J].职业技术教育，2014（31）：61-65.

[27] 刘静静.职业院校专业教师企业实践现状与对策研究[D].沈阳：沈阳师范大学，2016.

[28] 刘君.“互联网+”背景下计算机专业教师企业实践现状调查研究[J].中国职业技术教育，2017（7）：82-87.

[29] 刘丽.中职教师主观幸福感与教学动机的相关研究[D].金华：浙江师范大学，2012.

[30] 刘新强.职业院校教师企业实践的量化考评研究[J].中国职工教育，2014（8）：131-132.

[31] 卢晓中.试论教师的专业化[J].高教探索，2002（4）：27-29.

[32] 陆燕飞.我国中等职业学校评估制度变迁分析[D].上海：上海师范大学，2014.

[33] 吕鸿峰.校企合作下教师企业实践探讨[J].职业技术，2015（2）：71-72.

[34] 米兰，杨彦如，吕倩娜.高职专业教师企业实践方案及其实施——以北京电子科技职业学院为例[J].中国职业技术教育，2011（1）：90-92.

[35] 南安.中职教师企业实践应该注意的几个问题[N].中国教育报，2013-04-16（2）.

[36] 庞世佳.职业院校教师企业实践制度的内容分析[D].沈阳：沈阳师范大学，2016.

[37] 孙宇.高职教师赴企业实践存在的问题及解决措施探讨[J].贵州广播电视大学学报，2017（4）：29-32.

[38] 谭宏，李守林.职业院校教师到企业实践现状及对策探析[J].中国职业技术教育，2017（22）：63-66.

[39] 涂三广，楼平，尤源.企业主导的教师企业实践：归因、模式与改进——以中职机电专业新教师入职教育为例[J].中国职业技术教育，2018（6）：90-96.

[40] 涂三广，石伟平.职业学校教师企业实践的身份认同困境及其超越[J].河北师范大学学报（教育科学版），2016（3）：60-64.

[41] 涂三广.职业院校教师到企业实践：问题与对策[J].职教论坛，2014（27）：23-27.

[42] 万平.基于专业发展的高职教师企业实践的设计与实施[J].中国成人教育，2013（19）：96-98.

[43] 汪杰宇，汪婷婷，曹运华.中职教师企业实践的思考与探索——以上海市医药学校为例[J].职教通讯，2017（5）：63-66.

[44] 王继平，盛晓君.简析职教教师企业实践的必要性与有效性[J].中国职业技术教育，2016（3）：44-47.

[45] 王剑.社会交换理论视角下职业院校教师企业实践困境与对策分析[J].中国职业技术教育，2016（7）：73-77.

[46] 王为民.职校教师企业实践制度发展十年回顾[J].河北师范大学学报（教育科学版），2016（4）：47-53.

[47] 王晓莹.中职教师工作满意度调查研究[D].湘潭：湖南科技大学，2011.

[48] 王洋.基于京津冀区域物流联盟系统的建立与布局研究[D].天津：河北工业大学，2011.

[49] 王子原.中高职教师在职进修和企业实践制度研究[J].职教论坛，2014（23）：90-96.

[50] 肖凤翔，张弛."双师型"教师的内涵解读[J].中国职业技术教育，2012（15）：69-74.

[51] 颜炼钢.高职院校专业教师下企业实践的问题及对策新探[J].教育与职业，2014（15）：73-75.

[52] 杨虹.高职专业教师企业实践制度研究[J].职教论坛，2013（13）：65-67.

[53] 杨太竹.中等职业学校教师责任意识现状与强化对策的研究[D].天津：天津师范大学，2012.

[54] 于晓丹.上海中职教师课程观调查研究[D].上海：华东师范大学，2009.

[55] 张宝臣，祝成林.高职院校教师企业实践中的知识共享研究[J].中国高教研究，2017（5）：98-101.

[56] 张瑞锦.我国高职院校物流管理人才培养问题及对策研究[D].福州：华侨大学，2016.

[57] 张彤.中等职业学校教师实践能力问题研究[D].长春：东北师范大学，2015.

[58] 张琰.职业院校教师到企业实践的制度研究[D].武汉：湖北工业大学，2012.

[59] 章晓兰.中职专业教师企业实践锻炼成果转化为教学的实效研究[J].职业教育研究，2012（11）：150-157.

[60] 郑丽君.澳大利亚职业教育教师企业实践的做法及对我国的启示[J].职教论坛，2014（19）：83-86.

[61] 周齐佩，尚晓萍.中职教师企业实践培训模式设计、实现与成效——基于上海市的实践[J].职教论坛，2017（27）：84-88.

[62] 周小倩.新型城镇化进程中江西农民工市民化问题研究[D].南昌：江西财经大学，2015.

[63] Harry K Wong. Induction Programs That Keep New Teachers Teaching and Improving[J]. NASSP Bulletin，2004（638）.

[64] Harvey Kantor，Robert Lowe Vocationalism Reconsidered[J]. American Journal of Education，2000（1）.

附　　录

一、中职教师企业实践调查问卷

尊敬的老师：

您好！这是一份关于中职教师企业实践阻力因素的调查问卷。本问卷匿名填写，不会给您的工作及生活带来任何影响，请根据自己的感觉放心作答。您的回答对实施本课题研究至关重要，感谢您的支持！

全国教育科学“十二五”规划教育部重点课题组

基本信息：性别_______年龄_______职称_______教龄_______

学历（学位）_____________所学专业_______

讲授课程类型（专业理论课、专业实践课、文化课）任教专业_____________

（　　）1. 您了解教育部或您所在省（市）对职业院校教师企业实践的有关政策规定及其要求吗？

A. 非常清楚　　B. 听说过，不是非常了解　　C. 不知道

（　　）2. 贵校是否有学校层面的教师企业实践管理办法或相关规定？

A. 有　　B. 没有　　C. 说不清

（　　）3. 贵校是否统一组织教师企业进行实践？

A. 是　　B. 否　　C. 不知道

（　　）4. 贵校在教师职称评审上对教师企业实践是否有要求？

A. 有硬性要求　　B. 没硬性要求，但会适当计分　　C. 没有什么要求

（　　）5. 贵校在提高教师企业实践积极性上采取的措施是：

A. 授予荣誉称号、给予个人奖励补贴

B. 只是倡导，未采取任何措施

C. 将教师企业实践作为教师职务聘任、考核和晋升的重要指标

（　　）6. 贵校对教师企业实践的补贴情况是：

A. 有一定补贴　　B. 没有补贴　　C. 不清楚

（　　）7. 您是否愿意参加企业实践？

A. 很想参加　　B. 想参加但没时间　　C. 不想参加

（　　）8. 您是否参加过企业实践？

A. 参加过　　B. 没参加过

（　　）9. 贵校教师企业实践是如何安排？

A. 由学校或系部统一安排　B. 根据个人需要，教师自己联系　C 不清楚

（　　）10. 贵校教师每次到企业实践锻炼的实际时间多长？

A.1 周以内　　B.2 ～ 3 周

C.4 周　　D. 不少于 1 个月

（　　）11. 您希望每次进行企业实践的时间是多长？

A.1 个月左右　　B.2 个月左右

C.3 个月左右　　D. 半年左右

（　　）12. 您希望到企业实践安排在什么时段？

A. 正常工作期间　　B. 双休日或节日

C. 寒暑假　　D. 没想过

（　　）13. 您认为教师企业实践难以安排在正常工作期间的原因是：（可以多选）

A. 学校由于教学任务重，教师数量少

B. 学校缺少科学可行的教师轮训计划，特别是专业课教师工作量普遍饱满，如果参加企业实践，其教学任务很难找到合适的人来承担

C. 教师在企业实践期间，学校暂停发放其绩效工资或只是部分发放，且会影响学校年终考核

D. 教师在非工作期间也需要处理个人事情

（　　）14. 贵校教师企业实践锻炼的主要形式是：（可以多选）

A. 接受企业组织的技能培训

B. 到企业考察观摩

C. 在企业的生产和管理岗位兼职或任职

D. 参与企业产品研发和技术创新

（　　）15. 您对教师企业实践的预期目标是：（可以多选）

A. 了解企业生产技术工艺及生产装备

B. 了解行业最新动态、学习行业新技术

C. 了解企业所需人才及对其职业道德的要求

D. 了解企业文化

E. 提升操作能力及解决实际问题的能力

F. 为企业进行技术服务

（　　）16. 您参加教师企业实践的最直接目的是：（可以多选）

A. 完成学校安排的企业实践任务，为年度考核、职务晋升、职称晋级做准备

B. 了解企业的生产组织方式、工艺流程、产业发展趋势等基本情况

C. 熟悉企业相关岗位（工种）职责、操作规范、用人标准及管理制度等内容

D. 学习所教专业在生产实践中应用的新知识、新技能、新工艺、新方法

E. 结合企业的生产实际和用人标准，不断完善教学方案，改进教学方法，积极开发校本教材，切实加强实践教学环节，提高技能型人才培养质量

（　　）17. 贵校对教师实践企业是否有明确要求？

A. 已经制定明确规定　　B. 没有明确规定　　C. 不清楚

（　　）18. 企业实践期间，校企双方有培训方案吗？

A. 有，且比较具体　　B. 有，但很不具体　　C. 没有　　D. 不清楚

（　　）19. 贵校监督管理教师企业实践的方式是：

A. 任由教师自己安排、学校基本不予以监管

B. 教师定期向学校相关部门汇报企业实践情况

C. 校企交流比较频繁，由学校相关部门或系部领导定期去企业检查参加企业实践的老师

D. 学校定期通过电话、邮件等方式向企业间接了解教师实践情况。

（　　）20. 贵校对教师企业实践考评情况是：

A. 没有考评，有相关文件、图章证明即可

B. 根据学校相关考评考核制度

C. 视教师在企业完成项目的效果而定

D. 说不清楚

（　　）21. 贵校教师企业实践对提高教师专业素养上：

A. 流于形式，不起什么作用　B. 有点作用，但不是很明　C. 作用大

（　　）22. 贵校教师企业实践是否对教学有帮助？

A. 有很大帮助　　　　　　B. 稍有帮助　　　　　　C. 几乎没有帮助

（　　）23. 您感觉企业对教师企业实践的态度是：

A. 敷衍了事或把教师当成嘉宾看待

B. 热情较高，安排较为合适的岗位和指导师父

C. 热情不高，只安排教师从事一些临时性和琐碎的工作，不安排师父指导

D. 热情很高，根据实际需求安排合适岗位和师父，且能认真指导

（　　）24. 您认为企业不乐意接收教师实践的原因是：（可以多选）

A. 影响企业的正常生产经营秩序

B. 需承担安全责任

C. 无经济收益以及防止技术泄密

D. 缺乏激励政策

二、高职物流管理专业教师企业实践状况调查问卷

尊敬的老师：

您好！本问卷为调查高职院校教师企业实践情况和教师实践教学能力情况而设计。请您按根据自己的实际情况和真实想法如实填写，除注明外，均只选一项，选项无对错之分。本调查属匿名调查且结果保密，仅用于研究，请您根据自己的实际情况放心如实作答。

感谢您百忙之中的亲切合作！

全国教育科学“十二五”规划教育部重点课题组

个人基本信息：性别___年龄___职称___教龄___学历___大学所学专业_______

教授课程类型（理论课、实践课），教授专业课程（全部）______________

（　　）1. 入职之前您是否在企业从事过与物流管理专业相关的工作？

A 是　　　　　　　　B 没有

（　　）2. 入职之后学校是否系统组织过物流管理专业教师的实践技能培训？

A. 有　　B. 没有　　C. 不清楚

（　　）3. 您认为当地相关政府方面教师企业实践政策的落实情况怎么样？

A. 落实到位　　B. 落实一般　　C. 流于形式

（　　）4. 您在企业实践期间觉得物流企业层面教师企业实践制度的落实情况如何？

A. 落实到位　　B. 落实一般　　C. 流于形式

（　　）5. 您所任职的高职院校教师企业实践制度的落实状况如何？

A. 落实到位　　B. 落实一般　　C. 流于形式

（　　）6. 贵校教师企业实践是如何安排的？

A. 学校统一安排　　B. 教师根据需要自行解决　　C. 不清楚

（　　）7. 上题若选 A，则做在教师企业实践方面，贵校是否与企业共同制订了教师企业实践方案？

A. 有具体的实践方案　　B. 没有实践方案　　C. 不知道

（　　）8. 您所任职的学校通常安排教师去以下哪种类型的物流企业进行实践？（可多选）

A. 零售企业　　B. 生产制造企业　　C. 运输仓储

D. 快递　　E. 第三方物流　　F. 其他

（　　）9. 以下哪些岗位群是您在企业实践过程当中曾经参与过的？（可多选）

A. 运输岗位群　　B. 仓储管理岗位群　　C. 配送管理岗位群

D. 物流信息处理岗位群　　E. 客户开发与管理岗位群

（　　）10. 您在企业实践期间学校的管理方式为：

A. 学校定期看望实践教师

B. 通过电话邮件了解实践情况

C. 基本不予管理

（　　）11. 您所任职的高职院校教师企业实践实践大多安排在以下哪个时间段？

A. 学期内学校另安排时间　　B. 寒暑假期

C. 周末　　D. 教师自行安排

（　　）12. 学校企业实践时间安排与您的其他教学或者培训活动是否会发生冲突？

A. 经常发生冲突　　B. 偶尔发生冲突　　C. 没有冲突

（　　）13. 您所任职高校组织教师到物流企业实践的主要方式有：（可以多选）

A. 到企业考察观摩

B. 带学生到企业实习

C. 接受企业组织的技能培训

D. 在企业的生产和管理岗位兼职或任职

E. 参与企业新产品研发和技术改进

F. 与企业人员合作进行课题研究

G. 其他______________________（请注明）

（　　）14. 是否能够找到合适的物流企业作为实践基地？

A. 很难找到　　B. 比较难找到　　C. 比较容易找到　　D. 很容易找到

（　　）15. 参与贵校教师企业实践的物流企业设有教师企业实践岗位情况：

A. 设有少量教师企业实践岗位　　B. 偶尔设有实践岗位

C. 从未设置过实践岗位　　D. 不清楚

（　　）16. 在物流企业实践期间，企业师父是如何指导您的实践技能的？

A. 没有师父指导　　B. 没有师父，企业员工会指导一下

C. 有师父，但是几乎不指导　　D. 师父认真指导学习

（　　）17. 您的精力主要分配在以下哪方面？

A. 物流专业理论教学　　B. 物流专业课题研究

C. 物流企业实践　　D. 学生日常管理

（　　）18. 您参加企业实践的动机是：（可多选）

A. 满足评职称条件　　B. 从烦琐的教学工作中解脱出来

C. 换一种工作环境　　D. 增加收入

E. 为了改进教学　　F. 提高实践能力

G. 掌握生产流程　　H. 了解行业最新动态

I. 完成学校任务　　　　　　　　　　J. 其他＿＿＿＿＿＿＿＿（请注明）

（　　）19. 您是否经常会到物流企业去了解行业发展和学习相关技能？

A. 经常去看　　　　　　　　　　B. 有时会去　　　　　　C. 极少去

（　　）20. 您在物流企业的实践内容与预期的是否一致？

A. 一致　　　　　　　　　　　　B. 较为一致　　　　　　C. 不符合预期

（　　）21. 在企业实践期间您是否能够完成学校企业实践制度规划的大致实践内容？

A. 能够按照计划严格完成　　　　B. 大部分计划可以完成

C. 小部分计划可以完成　　　　　D. 未按照计划进行实践

（　　）22. 您在对实践操作教学结束之后是否会对课堂教学进行反思？

A. 经常进行反思完善更新　　　　B. 有时会进行反思　　　C. 不会反思

（　　）23. 企业实践之后您对自己所教授专业相关的岗位工作内容的了解程度如何？

A. 很了解　　　　　　　　　　　B. 比较了解　　　　　　C. 不了解

（　　）24. 企业实践之后您对自己所教授专业相关的岗位的技术规范的了解程度如何？

A. 很了解　　　　　　　　　　　B. 比较了解　　　　　　C. 不了解

三、职业院校教师企业实践阻力因素调查问卷

尊敬的老师：

您好！这是一份有关高职院校教师企业实践阻力因素的调查问卷。本问卷匿名填写，不会给您工作及生活带来任何影响，请根据自己认知状况放心作答。如果您认为还有其他影响因素，请写在本问卷后面的空格内。

您的回答对我们实施本课题研究至关重要，感谢您的支持！

全国教育科学“十二五”规划教育部重点课题组

（一）被调查人基本信息（请在合适的选项前面画 √）

性别：①男；②女

教师类型：①专业课教师；②基础课教师；③行政教辅

职称：①初职；②中职；③副高；④正高

年龄：① 30 岁以下；② 30 ～ 35 岁；③ 36 ～ 40 岁；⑤ 41 ～ 45 岁；⑥ 46 ～ 50 岁；⑦ 51 ～ 55 岁；⑧ 56 岁以上

（二）根据您的实际情况选择，每题只选择一个答案，请在表中的空格内打“√”。

阻力因素				阻力大小判定				
				非常大	较大	一般	较小	无阻力
教师	1	1	企业实践认识					
	2	2	专业与企业契合度					
	3	3	专业发展意识					
	4	4	年龄					
	5	5	职称					
	6	6	性别					
	7	7	家庭状况					
	8	8	企业工作经验					
	9	9	任教课程					
	10	10	教学任务					
	11	11	企业实践内容					
	12	12	企业实践待遇					
学校	13	1	企业实践经费					
	14	2	质量监督机制					
	15	3	反馈评价机制					
	16	4	企业遴选质量					
	17	5	学校规章制度					
	18	6	教师编制数量					
	19	7	教师企业实践组织					
	20	8	专业与产业契合度					
政府	21	1	政策环境					
	22	2	督导力度					
企业	23	1	生产经营条件					
	24	2	发展规模					
	25	3	社会责任意识					
	26	4	核心技术保密					
	27	5	接收教师实践成本					
	28	6	教师解决问题能力					

（三）职业院校教师企业实践各阻力因素之间的影响程度调查

	序号	1	2	3	4	5	6	7	8
序号	阻力因素	专业企业契合度	家庭状况	企业工作经验	任教课程	教学任务	企业实践内容	企业实践待遇	企业实践经费
1	专业与企业契合度								
2	家庭状况								
3	企业工作经验								
4	任教课程								
5	教学任务								
6	企业实践内容								
7	企业实践待遇								
8	企业实践经费								
9	企业遴选质量								
10	专业与产业契合度								
11	生产经营条件								
12	发展规模								
13	社会责任意识								
14	核心技术保密								
15	接收教师实践成本								
16	教师解决问题能力								

续表

	序号	9	10	11	12	13	14	15	16
序号	阻力因素	企业遴选质量	专业与产业契合度	生产经营条件	发展规模	社会责任意识	核心技术保密	接受教师实践成本	教师解决问题能力
1	专业与企业契合度								
2	家庭状况								
3	企业工作经验								
4	任教课程								
5	教学任务								
6	企业实践内容								
7	企业实践待遇								
8	企业实践经费								
9	企业遴选质量								
10	专业与产业契合度								
11	生产经营条件								
12	发展规模								
13	社会责任意识								
14	核心技术保密								
15	接收教师实践成本								
16	教师解决问题能力								

注：各因素间影响程度由弱到强分别取值为 0 ～ 3。其中 0 为甲因素对乙因素没有影响；1 为影响一般；2 为影响较大；3 为影响极大（下同）。

四、职业院校教师企业实践机制运行调查问卷

尊敬的老师：

全国教育科学规划重点课题组为了掌握职业院校教师企业实践情况，以期改进教师企业实践。本问卷题目皆为选择题，除注明外，均只需选一项，选项无对错之分。本调查属匿名调查且结果保密，仅用于研究，不会对您及所服务学校产生任何不良影响，请您根据自己的实际情况放心如实作答。

谢谢您的合作！

全国教育科学"十二五"规划教育部重点课题组

个人基本信息：性别 __ 年龄 ___ 职称 ___ 教龄 ___ 学历（学位）___ 大学所学专业 ________ 所在学校层次（高职、中职） 学校共有 ___ 个专业

教授课程类型（专业理论课、专业实践课、文化课）

任教专业 __________

（ ）1. 您了解教育部或您所在省（市）对职业院校教师企业实践的有关政策规定及其要求吗？

A. 非常清楚 B. 听说过，不是非常了解 C. 不知道

（ ）2. 贵校是否有学校层面的教师企业实践管理办法或相关规定？

A. 有 B. 没有 C. 说不清

（ ）3. 贵校是否统一组织教师企业进行实践？

A. 是 B. 没有 C. 不知道

（ ）4. 贵校在教师职称评审上对教师企业实践是否有要求？

A. 有硬性要求 B. 没硬性要求，但会适当计分 C. 没有什么要求

（ ）5. 贵校在提高教师企业实践积极性上采取的措施是：

A. 授予荣誉称号、给予个人奖励补贴

B. 只是倡导，未采取任何措施

C. 将教师企业实践作为教师职务聘任、考核和晋升的重要指标

（ ）6. 贵校对教师企业实践的补贴情况是：

A. 有一定补贴 B. 没有补贴 C. 不清楚

（　　）7. 您是否愿意参加企业实践？

A. 很想参加　　　　B 想参加但没时间　　C 不想参加

（　　）8. 您是否参加过企业实践？

A. 参加过　　　　B 没参加过

（　　）9. 贵校教师企业实践是如何安排？

A. 由学校或系部统一安排

B. 根据个人需要，教师自己联系

C. 不清楚

（　　）10. 贵校教师每次到企业实践锻炼的实际时间多长？

A.1 周以内　　　　B.2 ～ 3 周

C.4 周　　　　D. 不少于 1 个月

（　　）11. 您希望每次进行企业实践的时间是多长？

A.1 个月左右　　　　B.2 个月左右

C.3 个月左右　　　　D. 半年左右

（　　）12. 您希望到企业实践安排在什么时段？

A. 正常工作期间　　　　B. 双休日或节日

C. 寒暑假　　　　D. 没想过

（　　）13. 您认为教师企业实践难以安排在正常工作期间的原因是：（可以多选）

A. 学校由于教学任务重，教师数量少

B. 学校缺少科学可行的教师轮训计划，特别是专业课教师工作量普遍饱满，如果参加企业实践，其教学任务很难找到合适的人来承担

C. 教师在企业实践期间，学校暂停发放其绩效工资或只是部分发放，且会影响学校年终考核

D. 教师在非工作期间也需要处理个人事情

（　　）14. 贵校教师企业实践锻炼的主要形式是：（可以多选）

A. 接受企业组织的技能培训

B. 到企业考察观摩

C. 在企业的生产和管理岗位兼职或任职

D. 参与企业产品研发和技术创新

（　　）15. 您对教师企业实践的预期目标是：（可以多选）

A. 了解企业生产技术工艺及生产装备

B. 了解行业最新动态、学习行业新技术

C. 了解企业所需人才及对其职业道德的要求

D. 了解企业文化

E. 提升操作能力及解决实际问题的能力

F. 为企业进行技术服务

（　　）16. 您参加教师企业实践的最直接目的是：（可以多选）

A. 完成学校安排的企业实践任务，为年度考核、职务晋升、职称晋级做准备

B. 了解企业的生产组织方式、工艺流程、产业发展趋势等基本情况

C. 熟悉企业相关岗位（工种）职责、操作规范、用人标准及管理制度等内容

D. 学习所教专业在生产实践中应用的新知识、新技能、新工艺、新方法

E. 结合企业的生产实际和用人标准，不断完善教学方案，改进教学方法，积极开发校本教材，切实加强实践教学环节，提高技能型人才培养质量

（　　）17. 贵校对教师实践企业是否有明确要求？

A. 已经制定明确规定　　B. 没有明确规定　　C. 不清楚

（　　）18. 企业实践期间，校企双方有培训方案吗？

A. 有，且比较具体　　B. 有，但很不具体

C. 没有　　D. 不清楚

（　　）19. 贵校监督管理教师企业实践的方式是：

A. 任由教师自己安排、学校基本不予以监管

B. 教师定期向学校相关部门汇报企业实践情况

C. 校企交流比较频繁，由学校相关部门或系部领导定期去企业检查参加企业实践的老师

D. 学校定期通过电话、邮件等方式向企业间接了解教师实践情况

（　　）20. 贵校对教师企业实践考评情况是：

A. 没有考评，有相关文件、图章证明即可

B. 根据学校相关考评考核制度

C. 视教师在企业完成项目的效果而定

D. 说不清楚

（　　）21. 贵校教师企业实践对提高教师专业素养上：

A. 流于形式，不起什么作用　　B. 有点作用，但不是很明显

C. 作用大

（　　）22. 贵校教师企业实践是否对教学有帮助？

A. 有很大帮助　　B. 稍有帮助

C. 几乎没有帮助

（　　）23. 您感觉企业对教师企业实践的态度是：

A. 敷衍了事或把教师当成嘉宾看待

B. 热情较高，安排较为合适的岗位和指导师父

C. 热情不高，只安排教师从事一些临时性和琐碎的工作，不安排师父指导

D. 热情很高，根据实际需求安排合适岗位和师父，且能认真指导

（　　）24. 您认为企业不乐意接收教师实践的原因是：（可以多选）

A. 影响企业的正常生产经营秩序　　B. 需承担安全责任

C. 无经济收益以及防止技术泄密　　D. 缺乏激励政策

后　　记

改革开放以来，在党中央、国务院一系列政策方针的指引下，我国职业教育得到了快速发展，目前已经成为世界上职业教育规模最大的国家。然而，我国职业教育仍然未成为人民满意的职业教育，接受职业教育仍然是一种“无奈的选择”。职业教育实现了规模化发展，但与高质量发展目标还有较大的距离。与发达国家相比，与建设现代化经济体系、建设教育强国的要求相比，我国职业教育还存在着体系建设不够完善、职业技能实训基地建设有待加强、制度标准不够健全、企业参与办学的动力不足、有利于技术技能人才成长的配套政策尚待完善、办学和人才培养质量水平参差不齐等问题，到了必须下大力气抓好的时候。遵循“名师出高徒”的传统理念，我们认为，解决职业教育发展面临的一些具体问题，关键在人，关键在于职业院校教师。在这种情况下，作为职业教育的研究者，职业院校教师企业实践制度与运行机制构建成了我们格外关注的研究对象。2015 年，我们申报了全国教育科学“十二五”规划教育部重点课题并获得批准，随即全面开展了相关研究工作。

在研究过程中，我们不断深化对构建职业院校教师企业实践制度的重要性认识，力求从宏观、中观和微观三个层面，理论与实践两个维度探究职业院校教师企业实践制度建设现状及其运行过程中遇到的具体问题，相继开展了中职学校、高职院校教师企业实践制度落实情况的调查。研究发现，不同层次、不同类别、不同区域职业院校对教师企业实践制度的认知存在一定的差异。部分一线教师反映，学校安排的企业实践时间与现有授课时间存在冲突。即使是“双师型”教师，也认为教育部等七部门制定的《职业学校教师企业实践规定》非常重要，对自身专业发展具有较大的促进作用。现在个人的“双师型”教师身份仅是学校依据考取的本专业职业资格合格证书认定，而教师本身的实际技能水平以及操作熟练程度难以与企业“师父”相提并论。部分教师也认为，职业院校教师经常到企业进行实践活动，有助于教师与企业“师父”结合成育人共同体、学习共同体等。既有利于教师自身技术技能知识的增进，也有利于职业院校教学内容的丰富完善和教育教学水平的持续提升，是一件“有百利而无一害”的事情。然而，由于学校教学任务过重，根本没有时间到企业从事实践活动。在谈到教学任务过重的原因时，部分教师认为当下我国职业院校管理存在的主要问题是行政人员过多，一线教师比例太少。表面上看，职业院校师生比达到了1∶18，但学校有一半以上的教师在从事行政管理工作，校内各种检查、评比项目繁多，一线教师疲于应付，根本无力也无时间定期或不定期到企业开展实践活动。

面对调查结论，我们认识到，落实《职业学校教师企业实践规定》是一项系统工程，需要政府相关部门的强力督导和行业企业的大力支持。习近平总书记指出，担当是人民的期望，我们要“敢于担当责任，勇于直面矛盾，善于解决问题，努力创造经得起实践、人民、历史检验的实绩”。担当也是改革的需求，“看准了的事情，就要拿出政治勇气来，坚定不移干”。各级政府教育行政部门要将推进职业院校教师企业实践制度建设作为一项重要职责，强化督导检查工作，帮助职业院校及时解决好、处理好自身解决不了的事情，将职业院校教师企业实践制度落地生根，取得实效。要不断完善相关配套政策，调动教师企业实践的积极性和企业接受教师实践的主动性，确保职业院校教师企业实践制度的顺利实施。

面对推进职业院校教师企业实践制度运行存在的阻碍因素，我们坚持唯物辩证法的基本观点，试图探究制度运行的主要矛盾，构建职业院校教师到企业实践的动力机制。众所周知，社会良性运行的条件是具备相应的动力机制，这也是推进职业院校教师企业实践制度运行的前提。动力机制是指由社会发展的基本要素所构成的动力系统及其作用机理，体现社会活力。构建动力机制的目的在于解决社会赖以发展的动力，即让一切创造财富和创新能力的源泉充分涌流，使每个人各尽所能。衡量动力机制的标准主要是速度、效率和活力。考察一个社会的动力机制状况，就要考察其能否最大限度地调动全体成员的积极性、主动性和创造性，能否使各要素、各领域和各方面充满发展动力。从这一点出发，构建职业院校教师企业实践的动力机制是解决一切问题之本。当下，职业院校教师企业实践动力主要包括物质动力、政治动力和精神动力3个方面。物质动力来源于改革形成的利益分化，使人们的行为与其利益之间具有更加紧密的联系。根据我国“按劳分配为主体、多种分配方式并存”的分配制度，人们应该可以合理、合法地用自己的劳动、经营和创造，得到应得的报酬和收入。任何人只要付出了劳动，实现了价值，就可以获得属于自己的利益和财富。当然，政治体制、行政管理体制等改革，也对社会活力的激发起到了至关重要的作用。社会如此，职业院校更是如此。推进职业院校教师企业实践制度的有效运行，必须实现全方位管理，使职业教育全要素得以充分发挥和利用。调动一切可以利用的积极因素，激发教师企业实践活力，确保企业实践活动取得成效。

当本专著即将完稿之时，国务院印发了《国家职业教育改革实施方案》。课题组认真学习，深刻领会，更加明确了职业院校教师企业实践的具体目标与方向，也丰富了本课题的研究内容。而后，相继在核心期刊《教育与职业》发表了《我国职教师资培育的制度演进、目标定位与范式转换》和《基于德国经验的职教师资“三维一体”培养模式构建》，在核心期刊《职教论坛》发表了《个体与群体：双师型教师队伍建设的二维指向》等系列文章，算是本专著的必要补充和完善。2019 年 8 月，教育部等四部门印发了《深化新时代职业教育“双师型”教师队伍建设改革实施方案》，确认教师队伍是发展职业教育的第一资源，是支撑新时代国家职业教育改革的关键力量。建设高素质“双师型”教师队伍（含技工院校“一体化”教师）是加快推进职业教育现代化的基础性工作。该实施方案就教师准入制度改革、构建以职业技术师范院校为主体、产教融合的多元培养培训格局等提出了具体措施。我们有理由相信，随着国家一系列政策措施的实施，职业院校教师企业实践制度一定会逐步完善，运行效率亦更加提高，为我国现代职业教育发展提供强有力的师资队伍支撑。

需要说明的是，本书作为 2015 年度全国教育科学“十二五”规划教育部重点课题“职业院校教师企业实践制度体系及运行机制构建研究”（课题批准号：DJA150250）的最终成果，也将作为中期研究成果的部分论文纳入，且已和指导的硕士研究生合作，公开发表了部分学术论文，导致部分研究数据和案例具有一定的滞后性和重复性。同时，我们认为在教师企业实践制度建设还有许多内容需要深入研究。当下，教育部等四部门已经制定了《深化新时代职业教育“双师型”教师队伍建设改革实施方案》，为进一步完善职业院校教师企业实践制度提出了新的目标任务。愿本书能够抛砖引玉，引发职业教育研究者同心协力，共同为加强我国职业教育师资队伍建设献计出力。即将交付这本书稿时，我们仍觉得有许多想法未能准确表达出来，于是产生了这篇“后记”，也可称为“补记”，快录于此，与广大读者分享。